U0504477

智慧做父母

0—6岁，孩子成长的60个细节

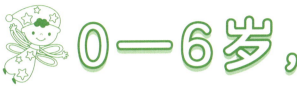

王三石 编著

中国社会科学出版社

图书在版编目（ＣＩＰ）数据

0—6 岁，孩子成长的 60 个细节 / 王三石编著 . — 北京：
中国社会科学出版社，2024.8
（智慧做父母）
ISBN 978-7-5227-3535-1

Ⅰ. ① 0… Ⅱ. ①王… Ⅲ. ①学前教育－家庭教育
Ⅳ. ① G781

中国国家版本馆 CIP 数据核字（2024）第 091548 号

出 版 人	赵剑英
责任编辑	黄　山
责任校对	贾宇峰
责任印制	李寡寡

出　　版	中国社会科学出版社
社　　址	北京鼓楼西大街甲 158 号
邮　　编	100720
网　　址	http://www.csspw.cn
发 行 部	010-84083685
门 市 部	010-84029450
经　　销	新华书店及其他书店

印刷装订	北京君升印刷有限公司
版　　次	2024 年 8 月第 1 版
印　　次	2024 年 8 月第 1 次印刷

开　　本	880×1230　1/32
印　　张	9.875
字　　数	190 千字
定　　价	48.00 元

凡购买中国社会科学出版社图书，如有质量问题请与本社营销中心联系调换
电话：010-84083683

孩子虽小，但已懂得很多

　　0—6岁，是孩子成长中一个很关键的时期。这一时期是孩子进入幼儿园接受教育的时期，也是为孩子接受学校正规教育做准备的时期。

　　在这个阶段中，孩子最为突出的心理特征是独立意识逐渐发展，不断增强，并初步形成参与社会实践的愿望和能力，独立生活能力也有了明显的发展。具体来讲，学龄前孩子具有活泼好动、好奇心强、自制力差、易冲动、模仿性强、易受暗示等显著特点。

　　在很多家庭中，父母往往认为学龄前孩子就是"小宝宝"，应该在父母提供的舒适环境和亲人的庇护下成长，而关于孩子需要什么样的关爱、应该养成哪些良好的习惯、要具备什么终身受益的品质、和孩子建立何种亲子相处的关系，等等，父母们往往考虑欠妥。他们总认为"孩子太小，说了教了也不懂"，常常寄希望于"孩子大了就知道了"。在这种思想的指引下，父母们就会不知不觉错过孩子习惯养成的最佳时期。

为了更好地开发学龄前孩子的智力，更有力地抓住习惯养成的重要时期，让孩子从小接受良性的家庭教育，父母应该了解学龄前孩子的普遍心理特征与发展规律，读懂学龄前孩子的心声，了解孩子的物质与精神需求，在生活中的诸多细节上给予孩子贴心的指导和教育。

父母在家庭教育中就要以"了解"为前提，"关爱"为基础，"指导"为条件，"共同成长"为目的，认真倾听孩子的心声、走进孩子的内心世界，注意培养孩子的良好生活习惯，及时为孩子"立规矩"，让孩子尽早学会如何保护自己。

父母们会发现，孩子们完全可以像我们想象的那样聪明、活泼、开朗、机敏，更会像我们所希望的那样懂得自我保护，在灾难或危机之中懂得自救。

这本书中，通过 60 个涉及生活方方面面的具体细节，从学龄前孩子在成长过程中的心理特点、孩子可能会遭遇的成长困惑、亲子关系的建立与培养、引导孩子如何养成良好的生活习惯到开发孩子的智力、学会照顾自己、懂得自护，详细列举了诸多真实事例和生活场景，为学龄前孩子的父母们提供了针对性强、切实可行并且有效的指导性建议。

希望父母能通过这本书的阅读、理解，并结合自己在家庭教育中的心得体会，对学龄前的孩子进行教育和指导，让孩子和父母在此阶段的交流更加顺畅。

目 录

学龄前的孩子有好动、容易受到暗示、模仿性强、好奇心重等特点。教育他们前，首先需要父母认真了解他们的小世界。

第一章

成长：
了解学龄前孩子的小世界

1. 帮幼小的孩子确立"健康的自我"

"我家孩子越来越霸道了，什么好东西都是他的，碰都不让我们碰。"不少妈妈这么抱怨。

现在，许多孩子都是家里的"小霸王"，认为什么事情都应该以自己为主，自己想要什么都是应该、并且必须得到满足的。在孩子上幼儿园之前，家里的一切都是以孩子的意志为转移的，家里的大人会尽量满足孩子的需要，甚至是孩子非常不合理的要求。这样使孩子产生了错觉，认为在这个世界上，"我是最重要的""什么都该围着我转""什么都该听我的命令和指挥"。

然而，孩子一旦上了幼儿园，在幼儿园环境中有了许多别的孩子，而一个班级中 3—4 位老师根本满足不了孩子的需求，孩子必然觉得不适应。如果他们继续用在家里习惯的那种霸道的方式在幼儿园里与其他孩子交往，就会不可避免地和别的孩子产生矛盾与争执；如果他们遇到了更为霸道、强悍的"对手"，骄傲惯了的他们立刻会感到十分挫败，就会出现"我不愿上幼儿园"的情况。

> 琪琪（化名）是个自我中心意识特别强的孩子。她的爸爸妈妈忙于工作，琪琪一直都由奶奶照顾。奶奶对这个小孙女特别宠爱，总是顺着她的意思，总会乐呵呵地满足她的各种要求。渐渐地，琪琪养成了以自我为中心的性格，什么都要以她的想法和意愿来进行。她喜欢的东西，总是要第一个吃；她要的东西，必须马上得到；她不管奶奶已经做好了面条，非要吃米饭，做好了米饭非要搭配蒸蛋；她把书扔地上，非要奶奶把书重新放回原来的位置……琪琪的爸爸妈妈见女儿越来越霸道、蛮横，又生气又心疼，"以后长大了怎么办？到幼儿园后，甚至到了社会上，谁还会迁就她、让着她？"

我们要明确，孩子有自我意识是好事，是孩子长大的标志。但不健康的自我意识不利于孩子的成长，甚至影响到孩子的身心健康，对孩子将来的人生发展也是百害而无一利的。

可许多父母意识到了这个问题，却仍然不由自主地任由孩子任性地发展。

每个孩子都是爸爸妈妈、爷爷奶奶的心肝宝贝，家人们都疼爱他们，但疼爱不是溺爱，不是无条件顺应孩子的任何要求，孩子以自我为中心的习惯一旦养成，对于孩子自己、父母而言都是十分糟糕的事情。

为了使孩子能够适应幼儿园、适应社会，我们就要帮助孩子从小确立"健康的自我"这一意识。

"健康的自我"是我们每个人依据周围环境的反应发展，逐渐形成的有关自己的正确认识和积极的情感态度。

一般情况下，孩子对自我的认识过程，大致可以用三个问题来概括。就是"我是谁"、"我现在是什么样的孩子"、"我想做什么样的孩子"。简单地讲，就是孩子了解自己的身体、爱好之后，通过父母、同伴的评价明白自己是什么样的孩子，然后对自己以后的成长有模糊和朦胧的意识，对自己将来想要做什么、成为什么样的人等，开始产生兴趣。

在了解孩子自我认识过程发展的"三部曲"之后，我们再回过头来看家庭中怎么培养孩子树立正确而健康的自我意识。

◎ 让孩子明白分享的意义。

平时在家的时候，我们不要一味地依着孩子的要求，要适当地对他进行冷落，让他知道他的无理取闹是无效的。这种有选择性的"冷落"会使孩子以自我为中心的习惯渐渐弱化。我们给孩子买好吃的东西，鼓励孩子给奶奶尝尝、给爸爸一块，孩子会不情愿地过去，没一会儿就会开心地折回来，因为"奶奶说她不吃""爸爸说都给我吃"。我们会感谢孩子把食物分享出来，假装咬几口并且大大夸赞孩子"真乖！真懂事！"时间久了，孩子的这种分享就成为空洞的客套，我们再让孩子分享的时候，他很可能会说："不用问啦，他们不吃的。"某天爸爸真咬了一小口孩子的雪糕，孩子必定哇哇大哭。可见，这样的分享教育得不偿失。

我们可以这么做：比如，把孩子喜欢吃的食物分成几份，家庭成员每人一份。孩子吃完之后就要求吃掉父母那份。父母可以告诉孩子，自己也爱吃这些东西，但是愿意和孩子分享，希望以后也能得到孩子的分享。并且在下一次分享中，认真品尝孩子的食物而不是做做样子。久而久之，孩子会逐渐明白分享的真实意义。

◎ 我们可以通过给孩子讲故事、读儿歌的方式让孩子学会分享。

我们可以通过给孩子讲故事、读儿歌的方式让孩子学会分享，了解"自我"与"他人"的联系，明白自己和别人和平相处的前提。

不少父母会给孩子讲《孔融让梨》的故事，这是很好的教育方式，父母不仅要让孩子明白故事的内容，还要让他们知道别的孩子都知道分享，如果自己不会分享，老师和父母还有小朋友是不会喜欢自己的。

我们经常会看到有的孩子喜欢别人的玩具，哪怕自己家里也有一个一模一样的；有的孩子喜欢别人的书，一手攥着自己的书，一手还霸占着别人的书不还。对于这样的孩子，父母可以给孩子更多的选择性交换的物品，比如可以多带两个其他玩具或书籍，让自己的孩子用其他愿意借给别人的玩具来和对方交换；或是让孩子把结实、不易撕坏的书带到幼儿园去，和其他小朋友分享阅读；还可以让孩子把自己喜欢吃的食物和小朋友一起分享，让孩子在各种活动中学会谦让和分享，以此来淡化孩子以自我为中心的习惯，逐步确立健康的自我。

◎ 对孩子主动关心他人的行为进行褒奖。

如果孩子主动关心生病的家人、在与同伴的玩耍中为对方捡回了滚远了的小球、扶起了滑梯上的小弟弟，父母对于孩子不经大人提醒而主动做出这样的行为要及时予以表扬。

这是孩子放下盲目的自我意识而主动站在对方的角度思

考问题的萌芽，如果得到了大人的肯定，孩子会感到很自豪。大人的鼓励让他们的自尊心得到了尊重，以后再有类似情况，他们更能主动地做出良好的反应。

2. 孩子第一个叛逆期来到了

在孩子穿衣服的问题上，特别是有小女孩的家庭，每天早上对于妈妈来说简直就是一场噩梦的开始。

孩子："我要穿那条有小兔的短裙！"

妈妈："乖乖，那条裙子是夏天穿的。现在是冬天，太冷了，不能穿。"

孩子："不行，我就要穿！我不怕冷。"

妈妈："那绝对不行，你必须穿裤子！"

孩子："不，我就不穿裤子！"

妈妈："你见谁这么大冷天的穿短裙啦？你怎么不听话呢？"

孩子："我就要穿那条有小兔的裙子！"

……

接下来的场景就是妈妈的怒火噌噌往上蹿，最后忍无可忍朝孩子的小屁股挥去了"五指山"，最终孩子哭号着穿好了衣服、抽噎着被送到学校，妈妈一路狂奔赶到单位又因为迟到被扣掉了奖金。这样的早晨曾让多少妈妈为之崩溃啊！这种情况下，父母如果能做到下面四点，问题就没那么难了。

◎ 第一点：了解孩子的"第一叛逆期"——"小天使"怎么变成了"小恶魔"？

孩子两岁后不知道怎么了，经常和妈妈顶牛，一向听话的孩子突然就变得任性、固执、软硬不吃、和父母对着干、不讲理认死理。他的要求没有得到满足的时候常常号啕大哭，还会在哭的时候随手乱扔东西，甚至用自己的小脑袋把地板撞得"咚咚"响。爸爸妈妈们对此十分抓狂："我们的'小天使'怎么突然变成了'小恶魔'？"

就拿孩子小便的事情来说吧，很多父母都有过这样的经历：好说歹说抱起了孩子，可他说什么都不肯，还把腰挺得直直的，好像他不想小便，是我们难为他似的。可当我们把孩子一放下来，他却很快就尿了一身，我们不得不特别郁闷地给孩子换洗……

其实，孩子并不是故意和我们对着干，而是此时的他喜欢自己拿主意，喜欢自己决定自己的事情。这只是孩子不愿意让我们控制他什么时候小便而已。孩子控制小便的能力在于他的生理是否成熟，他不接受，那就说明时间还没到，作为父母也不要强制要求，孩子尿湿了裤子，也不要责罚，而应该多加引导，比如带着宝贝一起上洗手间，因为对于孩子来说，模仿才是最好的学习方法。

两岁左右的孩子，他们的自我意识逐渐加强，"我"的概念越来越清晰，如果大人的行为或语言让孩子感到自己被约束，妨碍了孩子独立的发展需要，孩子就会以那些令大人头疼的方式来确立自己的独立性。所以这一时期是"第一叛逆期"，也叫作"第一执拗期"。

◎ 第二点：真心理解孩子这一时期的正常心理需求。

我们对待"第一叛逆期"的孩子，不能有"图清净，赶紧让孩子消停了"的想法。一旦有了这种想法，就会一味地迁就孩子，无条件满足孩子的各种需要。此外，父母也不能有"孩子怎么不听话，得好好教训教训"的想法。如果父母感到不耐烦，用压制甚至动用武力的方式使孩子妥协听话，孩子会越压制越叛逆。因为他并没有意识到自己哪里做错了，也不会觉得自己这么做有什么不对的。"我不开心，我就哭；我不高兴，我就闹，我就是我，我就爱这么做！"

了解了这一时期孩子的种种变化皆起因于自我意识的强烈，并没有本质上的恶劣、没有严重的原则问题。那么，在面对这一时期的孩子时，我们就要用耐心、平常心来对待孩子的变化。真心理解孩子这一时期的正常心理需求，对于孩子的任性要耐心地调教。不少孩子都能在我们的耐心中逐渐意识到自己的错误，逐渐具备一定自我反省能力。孩子做到这些需要时间，我们可以宽容地给孩子自我调整的机会，耐心等他情绪稳定下来之后再进行沟通。

我们要正确对待孩子的叛逆，千万不能把大人的一些思想与做法强加给孩子，因为你很有可能会发现，孩子的一些做法往往比大人更明智，更令人深思。

◎ 第三点：尝试顺应孩子的要求。

孩子的要求明明有违常理，为什么不及时纠正反而还要顺应他的无理要求呢？如果孩子异常烦躁，非要按照他的想法来行事，我们不妨顺应他一次试试看。因为孩子非要反对你的建议，他就会更加坚持己见，双方的坚持只会让矛盾升级，并且使对方的决心更加坚定。如果你顺应了他的要求，他的反对和坚持就无的放矢了，反而会觉得没意思。

拿大冷天非要穿裙子这件事来讲，父母可以退一步，提出穿好大人安排的衣服之后可以给她穿那条夏天的裙子，这样折中的办法多多少少能让处于亢奋状态的孩子感到"小小的得逞"。而那样的穿着是否奇怪，她出去就知道了，如果并未对她造成影响，父母也大可睁一眼闭一眼，对于孩子的独特品位，我们欣赏不了，但还是可以包容的。如果出去后她通过别人的眼光意识到自己的错误选择，会感到不好意思，父母也不用得意地说："看吧，这么穿会被人笑话吧！"这样会让孩子感到难受。如果她通过自己的真实感受明白了这样穿确实不太好，那么她下次就不会这样穿了。

◎ 第四点：给孩子充分的自主选择空间。

孩子在很多事情上想自己做主，那就给孩子充分的空间让孩子自主选择。孩子可以在购买或选择衣服时提出自己的意见，但为了避免让孩子眼花缭乱而不知如何选择，父母可事先帮孩子缩小选择的范围，比如告诉孩子，"天气热了，该穿短裤了，而你去年的短裤都小了，衣服还够用，我们今天去给你买两条短裤吧！"这样孩子就知道他是来挑短裤的，而且只买两条。还可以让孩子在少量的选择中选，比如问孩子："你今天愿意吃香蕉还是梨？"，而不是问孩子："你今天想吃什么水果？"这都有利于孩子缩短选择的过程，并减少选择过程中发生分歧的可能。

3. 对待不同性格的孩子方式不一样

畅销书《男人来自火星　女人来自金星》的作者——美国心理学博士、注册家庭治疗师约翰·格雷也著有多种儿童心理学著作。在他的著作中，把孩子的性格分成 4 种类型：敏感型、活跃型、接受型、反应型。这 4 种性格是孩子未来性格的雏形，不同性格的孩子，在行为、倾向和反应等各方面都有不同的表现。所以，父母应该根据孩子的性格特点，有针对性地采取不同的方式区别对待，才能更有利于孩子的心理健康与成长。

◎ 如果你的孩子属于敏感型性格。

如果你的孩子会为好朋友没有主动和他打招呼而感到难过，会因为大人不小心弄疼他没有及时道歉而感到伤心，那么父母对待这类孩子的最佳方式就是理解和倾听他的情绪，可以告诉孩子自己能明白他的感受，能体会到他的难过与伤心。比如"妈妈知道你有些伤心，到妈妈这儿来，让妈妈抱抱你"，父母的主动示好和表示同情，会让敏感型的孩子感到被重视。

我们应该注意的是，敏感型的孩子悟性很高，善于交流并富有创意，他们需要父母的倾听，而不是父母帮他解决具体的问题，更不是父母对他的积极鼓舞。他们感到沮丧、烦躁的时候，父母向他解释问题是完全没有任何效果的，只需要给他一些时间和空间，让他的心情慢慢得到平复，当他心情好些的时候再和他谈心。在这个过程中，父母不要过于关注他的变化，把孩子这种变化看成是自然、正常的，更别追问孩子："你感到好些了吗？"这样反而会促使孩子又回想起之前的不愉快。而且，也不要急于帮助他走出困境，那样反而使他更关注负面的东西，并试图以此获得父母的理解和同情，在自我的世界中越陷越深。

◎ 如果你的孩子是活跃型性格。

活跃型性格的孩子是精力充沛的顽童，他们慷慨，富有同情心、责任心并且善于组织，总是有许多新主意，喜欢成为关注的焦点，常常是孩子们中的"娃娃头"。

对待活跃型孩子的最佳办法是为他的聪明和创意做出准备和安排，并且通过实际行动让他感觉到父母的需要和信任。

如果缺乏父母的安排，精力充沛的他们往往不考虑行动的方式和后果就莽撞行事，时常给父母带来不必要的麻烦。所以，对于活跃型性格的孩子，父母可以明确指示，让他们充分发挥自己的才干，把事情做到他认为的"完美"。

比如，我们对孩子说："我们吃饭之后可以去小区玩一下，然后再到超市买米，家里没有米了，所以必须得买。"如果孩子说："我想在小区里骑一下三轮车。"父母可以说："行啊！或许可以用你的三轮车帮我们运米回来呢！"活跃型的孩子喜欢得到肯定和承认，并且为之感到兴奋。所以在平常生活中，安排孩子负责某件事情，他会非常愿意为你效劳的。

◎ 如果你的孩子是反应型性格。

反应型性格的孩子个性比较散漫、健忘，很难保持房间的整洁，但他们性格外向、爱好广泛、喜欢交际，喜欢通过亲自尝试、亲身体验生活中出现的一切事物，当被要求必须按照特定的方法去做某件事情时，他就会发脾气，因为那不能按照他自己的意愿去做事。

在日常生活中，这类性格的孩子令人头痛，他们常常是一件事还没做完就跑去做另一件事，很容易分心，没有定力，所以父母不要过多地责备孩子"没定性"，要帮助他安心做好一件事之后再继续下一件。

◎ 如果你的孩子是接受型性格。

接受型的孩子脾气最好并且最爱思考，他们踏实、沉稳、能够忍辱负重。最不喜欢生活中出现的各种变化，反而需要更多的时间按部就班地做事。甚至什么时候吃饭，到点就会睡觉，周一穿校服他记得最牢，等等，他最喜欢这些程序式的生活。

与活跃型性格的孩子恰恰相反，接受型的孩子是妈妈眼中的乖孩子。他从没想过要去领导谁，甚至不愿意参与被领导的活动。他往往在一旁静静地观察别的小朋友是如何玩游戏的。接受型性格的孩子常常因为表现得内向、腼腆而被父母误解为闷、呆，并且经常被忽略。没有百分之百的把握不会当众展示他的长处，因为他非常害怕自己让父母失望。

由于接受型性格的孩子在一定程度上缺乏安全感，父母可以尊重他的习惯，给他规律的生活，以便让他知道接下来会发生什么，这会让他感到安慰。比如，每天早上几点起、吃饭时摆放椅子、周六去公园玩耍等。如果有突发情况造成的变动，尽量提前告知孩子，以减少他的焦虑和恐慌感。当孩子获得他所需要的规律后，就能发展出强大的组织能力，可以创造并且维持秩序。

4. 不要把孩子的幻想理解成谎言

《天生会说谎》一书的作者莱斯利指出，人天生会说谎。"如果我们说自己从未说过谎，那这就是谎言。"根据调查，我国大约有 50% 的孩子从 3 岁开始说谎，9 岁的孩子中，70% 以上说过谎。由此可见，说谎是儿童的普遍行为。

> 老师问豆豆："豆豆，国庆放假这么几天，你都去哪儿玩了啊？"豆豆眨巴着大眼睛，一本正经地回答老师："我爸爸妈妈带我去北京了，看了天安门，还到了鸟巢。"
>
> 晚上，爸爸去接豆豆的时候，老师夸豆豆能够和大家分享出去玩的见闻，可爸爸却说："国庆正好我值班，豆豆是在姥姥家过的啊！我们压根儿没去北京啊！"此时，豆豆爸爸和老师才发现豆豆在说谎。

豆豆的这个谎言属于学龄前孩子中比较常见的说谎缘由，由于这个年龄段的孩子心理发育尚不成熟，十分单纯，他们常常把自己心里想象的事情与现实相混淆，甚至混为一谈，他们的幻想造成了一种"假象"。其实豆豆一直很想爸爸妈妈带他去北京玩，他也多次在电视上看过天安门、鸟巢，当老师问他时，这个问题立刻触发了他的想象力，使豆豆出现了假想行为，从而导致说谎行为的发生。

说谎是孩子成长过程中的一个正常现象。如果父母轻易地把说谎和孩子的品质画等号就大错特错了。那么，这个年龄的孩子说谎了，就任其发展吗？

◎ 说谎的孩子其实有着极高的语言天分。

有的孩子并不是说谎，而是说大话，并且说得口若悬河。夸张的表情、丰富的语言描述，有时候真的让大人自叹弗如。这样的孩子其实有着极高的语言天分，语言表达流畅并且用词准确，把夸张的手法运用得十分到位。为了使听众信服，他们还常常运用许多肢体语言，俨然一个小小的演员正在尽情表演。作为父母，不要打击孩子的这种炫耀自己的表现欲，尽量把孩子说的大话看成是他自己编造的童话故事。

◎ 关注孩子的不良行为，而不是说谎动机。

学龄前的孩子因为说谎受到惩罚，不仅没有任何意义，也许还会起负面作用。如果父母对孩子进行关于诚实的长篇大论和说教，对于这么大的孩子而言只是对他吹了一阵"耳边风"。即使给予惩罚，他也不一定清楚自己错在哪里，不知道问题出在什么地方，而且以后再也不愿意让父母知道他做的那些淘气的事情了。

所以，我们可以关注他的不良行为，告诉孩子："我知道你是怕妈妈不高兴，所以不想告诉我。但是我亲眼看见你打了小朋友。要是你对他有礼貌些，我想他一定非常愿意把他的玩具给你玩的。"

◎ 确保孩子的幻想不会伤害自己和他人。

有的孩子幻想自己是奥特曼，把其他孩子当作小怪兽，在幼儿园欺负了小朋友回家还自豪地告诉父母："我今天打了怪兽！我要拯救地球！"显然，这样的幻想会成为孩子以强凌弱的借口。

所以，父母应该确保孩子的幻想不会伤害自己和他人。比如，孩子特别喜欢圣诞节，幻想着圣诞老人给自己送礼物，那么父母可以让孩子相信圣诞老人的存在。为了让孩子爱惜花草树木，也可以让孩子相信世间万物存在着善良的仙女和神奇的精灵。但是，我们必须让孩子知道：人是不能飞起来的，即便插上翅膀也不能。

◎ 惩罚不是目的，给孩子承认错误的机会。

"人非圣贤，孰能无过"，何况一个孩子呢？当孩子犯错的时候，父母的处理方式非常重要。父母处理得当与否，直接关系到孩子是否会养成撒谎的坏习惯。

假如一个孩子打碎了杯子，父母问是谁打碎的，孩子说了实话。一种父母暴跳如雷："你总是这么不小心！眼睛长到后脑勺去了吗？家里的东西让你弄坏了多少！"一种父母对于孩子勇于承认的行为非常赞赏，并且能够理解孩子的心情：

"谢谢你告诉我事情的真相，是不是杯子外面有水，太滑了，所以没拿住？不要难过了，下次小心点儿。我们一起把碎片收拾好吧！你去拿扫帚和簸箕，我来帮你扫！"

前者的孩子第二次可能就不会选择承认错误，因为如果他说不是自己干的就不会受到惩罚；而后者的孩子会认为说出真相能体现彼此之间的信任，并且能够得到适当的帮助，再遇到同样事情的时候，孩子通常不会选择撒谎来面对。

父母以轻松的态度面对孩子犯下的错误，可消除孩子的紧张感。让孩子帮忙或者独自处理事情的后果，一方面可以减轻孩子的愧疚感；另一方面也是教孩子为自己行为负责的最好方式。之后，父母可以循循善诱，教给孩子一些安全注意事项并给以正确的引导。

◎ 可以让孩子亲身体会被欺骗的滋味。

有的父母担心孩子说大话说惯了，或是幻想成性，时间长了就真的脱口就是谎话了。这时，可以给孩子讲一讲《狼来了》的故事，让孩子懂得待人诚实很重要。也可以尝试故意对孩子说谎，让他自己亲身体会到被欺骗的滋味。

比如，父母答应了孩子饭后可以得到一颗糖。可是饭后当孩子要糖果时，父母不承认了。孩子就会问为什么爸爸妈妈说话不算话，为什么对自己说谎。父母可以轻松地告诉孩子："也许刚才我是顺口答应的吧！但并不真的说明就得给你糖吃。你现在说我们说谎，你平时在家里不也这么和我们说话的吗？我们觉得你喜欢那么说，所以就学你说话了。"听了这样的话，孩子的感受可想而知。

5. 孩子的"天资"已经显露出来

许多孩子可能有一些隐藏的天资，没有被父母及周围人发现，但他会有一些与众不同的，甚至在大人眼中看来"不乖"的表现。比如爱讲话、爱做白日梦、精力旺盛等。我们可以通过一些小细节，看懂那些表明孩子有隐藏天分的迹象，帮助他们发展自己的天赋。下面我们来看看孩子的天资都是如何表现出来的。

◎ 孩子喜爱规律有序地摆放物品——善于分析和思考。

如果孩子喜欢把心爱的玩具汽车摆成一排，或者把自己的玩具分门别类地摆放，或者按照一定规律，如颜色、形状、尺寸等特性把物品整理归类，这属于在数学和科学方面有天资的早期迹象。这样的孩子通常是善于分析的思考者。

我们可以给这类孩子一些涉及模式和匹配的游戏，如串珠游戏，或者给孩子几个干净的鞋盒、塑料整理箱等，让他独立安排、整理自己的小物品，也可以多让孩子参加一些促进数学技能的活动等。

◎ 孩子喋喋不休停不下来——具有语言天分。

爱说话的孩子可能语速很快，但口齿清晰，只有睡觉才会停下来。他们喜爱和父母抬杠并且常常想用他的一套理论驳倒大人。这样的孩子一般都有超多的词汇量，能够编出复杂的故事，并且很少犯语音和语法错误。这样的孩子在语言方面的天分显而易见，如果他们将来通过学习和经验积累具备了一定说服能力的话，很有可能会选择法律或新闻方面的职业。

我们可以鼓励健谈的孩子大声讲故事，并把他讲述的故事记录下来和孩子一起自我欣赏。父母平时要注重多和孩子交流，经常带孩子去图书馆，和孩子一起讨论他感兴趣的话题。当然，如果孩子是个不知疲倦的"话痨"，可以为他规定一些安静的时间。

◎ 孩子喜爱摆弄物品并动手拆卸——有很好的视觉空间感。

有的孩子喜欢玩积木，喜爱研究按钮、开关，喜欢把玩具拆开并试图重新组装，这样的孩子很可能是一位视觉空间学习者。许多机械师、工程师、建筑师、发明家或者科学家在孩童阶段就有喜欢修理东西的癖好。

父母可以为这类孩子提供大量的积木和其他建筑类玩具，或给他提供一些如挂锁、带有刻度盘和开关的玩具供他玩耍，也可以鼓励孩子用空的鞋盒、纸巾盒、饼干桶或者其他任何在房间里能找到的材料进行建造。

节假日可多带这类孩子参与一些动手探索的活动，如模拟建筑公社、齿轮旋转、模拟电流等游戏项目。平时散步的时候，也可以引导孩子多关注一些如交通信号灯、霓虹灯广告牌等机械物。

特别要注意的是，这类孩子好奇心强，常常会有一些危险的举动，比如，研究爸爸的刮胡刀、把手指伸进电源插座等，父母要给予密切关注。

◎ 孩子酷爱各种类型的智力游戏——具有很好的思维能力。

如果孩子特别喜爱拼图游戏、捉迷藏、猜谜或者爱听悬疑故事，那么说明他形象思维很强。如果他的天分在未来的生活中能够得以发展，那么他很可能会成为一个优秀的考古学家或者科研人员。

父母可以为这类孩子提供各类颜色、形状各异的拼图，同时还要注意训练孩子的空间思维，加入一些填字游戏，给孩子念一些悬疑故事也是很好地扩展这类孩子思维能力的方式。

◎ 孩子喜欢上蹿下跳闲不住——具有很好的肢体语言学习能力。

如果你的孩子喜欢忙个不停地做事，甚至站着的时候也会左脚踩右脚，坐着也会像板凳上有钉子一样不停扭动，以至于让你怀疑孩子是不是有多动症的倾向。不用太担心，可以带孩子到儿童医院寻求专业医生的帮助和指导。如果经过检查孩子并没有多动症的倾向，那更不用担心。

孩子好动闲不住首先说明孩子的身体是健康、充满活力的。如果哪天孩子蔫蔫儿地窝在沙发上，可能我们就着急了，宁愿他把家里搞得一团糟而不是精神萎靡地安静坐着。忙碌的孩子属于通常所说的肢体语言学习者，肢体语言丰富，运动、舞蹈、音乐等都是他所喜爱的。

对于这类总是忙忙碌碌的孩子，我们可以让他每天享受大量体育活动的时光，给他多安排一些户外活动，在增加身体协调能力的同时也锻炼了身体、开阔了视野。有的父母让孩子练习街舞，这也是不错的选择，不仅可以通过运动消耗他的体力、增强体质，还能使他通过运动探究音乐。除此之外，还可以给他们布置一些绘画、串珠、涂漆、雕刻等任务。

◎ 其他孩子经常按照他的提议进行游戏，他喜欢做"娃娃头"——具有领导天分。

有些孩子看起来有些专横，做事情时往往态度强硬，在和同伴的游戏、表演等活动中总是喜欢发号施令，对各个参与活动的成员加以安排调配。这样的孩子很可能是天生的领导者，并且懂得如何激励、管理他人，并且会从不同的视角审视、认识到矛盾的焦点，并能从自己的团队中挑出最为优秀的队员。他的领导才能在未来的生活中对于从事商业、政治等方面将发挥很大作用。

怎样培养这样的孩子呢？父母可以多鼓励孩子，并且在条件允许的情况下，让孩子来拿主意。比如，让他管理属于自己的私人物品，让他按照自己的喜好在合理范围之内对空间进行布置。满足孩子领导需求的同时又要让他明白：在涉及安全或其他需要成年人拿主意的问题时，还是大人说了算。

父母在培养孩子的领导才能时，还要注意让孩子形成倾听与指挥、秩序等概念，使孩子自信心壮大的同时又不会太过自以为是，不会在游戏中疏远其他参与活动的伙伴。

这里所说的只是几种特别显著的迹象而已。如果你暂时还没有发现自己的孩子有上述种种迹象中的任何一种存在，请不用焦虑，这并不说明你的孩子就没有任何天资。父母在平时可以多留心孩子的隐藏天分，和孩子的学前老师、看护孩子的老人或保姆等进行交流，或许通过他们你能获得新鲜的反馈信息，告诉你一些你不知道或没有关注到的细节，渐渐地，随着时间的推移，你很可能就会惊喜地发现，原来自己的孩子也有某种特殊天赋。

6. 孩子已经开始会攀比了

孩子小小年纪，就知道攀比，别人有的他也要有，别人吃的他也要吃，而且常常要求"必须、立刻、马上"，这样下去，该如何是好？

别人的爸爸来幼儿园接孩子的时候，在路上买了一个遥控大汽车。栋栋（化名）看到了也想要，就歇斯底里地哭闹着，在幼儿园的院子里迟迟不肯离去。爷爷哄也不行，保证也不行，吓唬他也不行，就是没办法把孙子带回家。栋栋还打了爷爷，边打边哭，嘴里还说着："谁让你不给我买，人家小朋友都有，我什么都没有！"爷爷开始好脾气地哄他说："好好，咱们也买。"栋栋哭着说："现在就买！现在我就要！"爷爷说商店都关门了。栋栋又大哭起来。气得爷爷说："回家告诉爸爸看他怎么收拾你，你的汽车已经一大堆了。"栋栋说："可我就没有这一种！我的车也没有他的车大！"

这个孩子身上存在着一种被家长忽视的早期攀比心理。攀比心理是一种不愿落后于人、超群、好强、物欲性强的内心综合流露。这种心理在特定情况下能起积极作用，孩子和身边的同学做对比，想向更好的看齐，父母合理的引导可以培养孩子良性的竞争意识，父母要警惕出现"恶性攀比"给孩子的身心健康带来消极负面的影响。

小孩子为什么要攀比呢？究其原因，主要有以下三个重要因素：

一是人们生活水平的提高，为孩子的攀比心理提供了经济基础。过去经济较落后，人们连生活都难以维持，哪里会存在攀比？而现在生活好了，哪个做父母的会不疼爱自己的子女、不想让自己的子女打扮得比别人漂亮、时髦呢？哪个家长不想方设法为孩子吃好喝好竭尽所能呢？而不少父母本身就持有不愿落后于别人的想法：我自己没享受过的，我的孩子要享受到；别人有的，我的孩子也一定要有，还要更好的。父母存在这种攀比的想法，自然会给孩子的攀比心理提供基础。

二是父母的溺爱，也为孩子的攀比滋生了依赖。人人都希望自己的孩子能茁壮成长，把自己的孩子当作掌上明珠。孩子要什么就给什么，甚至拿孩子与别人相比来显示自己有身份有地位。过分的溺爱与迁就、娇生惯养，会让孩子在小小年纪就滋生攀比心理，产生依赖性。比如案例中栋栋的爷爷首先没有去想应不应该给孙子买遥控汽车，而是一口应承下来，久而久之，孩子的攀比心理就会加强。

三是孩子天真幼稚的天性为攀比提供了心理基础。学龄前的孩子接触的人和事有限，他们天真无邪、心灵纯洁，模仿能力和好奇心较强，正是学知识学本领的时期。但孩子不能客观地辨别是非曲直，无论是真善美还是假恶丑，什么都跟着学。而且，孩子的接触范围有限，其他孩子的穿衣打扮、玩具款式等，都成了孩子对比的对象，孩子看到别人有而自己没有，就会感到很失落，不仅想占为己有，还会产生"我要比你更多、更大"的好胜想法，而这种想法常常会逐渐演变为攀比。

如果父母不了解孩子的心理特征，掌握不好孩子攀比的程度，听之任之，久而久之，就会给孩子的健康成长带来不良影响。今天孩子要求你买漂亮的衣服才愿上幼儿园，明天要求买高档玩具，长此以往，当父母不能满足孩子的要求时，孩子就不听话了。而且，攀比心理强的孩子特别注重外在的东西，比如穿着打扮等，父母不能满足他的要求就会对父母产生怨恨，对亲人的感情比较淡漠，特别叛逆。所以，我们要以正确的态度看待孩子早期的攀比心理，采取一些较为合理、健康的方法来处理或引导孩子的行为。

◎ 利用孩子的攀比心理，鼓励孩子积极向上。

父母要理解学龄前孩子的心理，不用对孩子在此期间表现出来的攀比现象过于焦虑，要保护孩子幼小的童心，接纳孩子在生长发展过程中的种种变化，即使这些变化在成年人眼中是幼稚、无聊抑或是严重令人头疼的。不仅如此，我们还要积极利用孩子们的这些天性，顺势加以引导。如果孩子怕上幼儿园，怕见陌生人，我们可以利用孩子朦胧的攀比心理，给孩子买与其他小朋友同样的书包来鼓励他上幼儿园。通过适当利用孩子的攀比心理，鼓励孩子积极向上，从而引导孩子攀比优秀的、健康的事情。

◎ 溺爱是造成孩子攀比心理的罪魁祸首。

溺爱是造成孩子攀比心理的重要因素。当孩子出现攀比时，家长首先应当适当进行教育，避免孩子有攀比的心理产生；其次不要让孩子想要什么就得到什么，这样很容易养成孩子的惰性，不思进取，可以通过一些小的奖励，让孩子来实现一些目标，这样才得到一些东西，不是孩子想要什么就有什么。设定奖励的时候，也不要过于高档，尽量大众化，否则孩子就容易形成不良的攀比心理。

◎ 通过父母的一举一动引导孩子正确观念的形成。

孩子的成长是从父母身边开始的，父母的一举一动都会给孩子带来深刻的影响。作为家长，应当从自身做起，自己首先不要存在与别人攀比的心理，要时刻为孩子做表率。自己做到了，再要求孩子也做到。如果自己都做不到、做不好，机灵的孩子会认为自己也没必要做到；父母还会因此失去榜样的作用，失去在孩子面前的威信。比如，爸爸教育儿子要养成爱劳动、爱卫生的习惯，而爸爸自己却邋遢，这样"只许州官放火不许百姓点灯"的要求是不可能对孩子产生良好的教育意义的。

◎ 让孩子知道，每个小孩的幸福和快乐都不一样。

当孩子出现攀比现象时，作为家长应当视情况做出合理的教育，用巧妙的方法来处理幼儿的攀比问题。比如，父母可以带到令他羡慕的小朋友家去玩儿，孩子就会发现，老天是很公平的，虽然那个小朋友有比自己大的玩具汽车，但是一个月只有一两天可以见到忙碌的爸爸；他的家没有可爱的小金鱼缸，经商的妈妈一走就是半个月，家里也不像自己家那么热闹。让他知道每个小孩的幸福和快乐都不一样，懂得幸福是什么的道理。

孩子有了自己的小伙伴，不仅可以一起学习，一起玩耍，而且伙伴还是一种教育力量，一种老师和家长不可替代的教育力量。

第二章

伙伴：
让孩子在与朋友的交往中成长

7. 孩子的社交从交朋友开始

现在的孩子，爷爷宠着、奶奶爱着、姥姥姥爷惦记着，基本上都生活在"421"的家庭结构中，长期备受呵护，处于一个没人与他竞争的环境当中。由于父母忙于工作，不少孩子大部分时间都是由老人照顾。看着活泼可爱的孩子绕膝玩耍，不少老人甚至不愿意送孩子去幼儿园，每天宠着捧着；也不带孩子和别的小朋友玩，怕摔着磕着，这直接导致了孩子与人交往的能力越来越弱，只会和亲人相处。长期下来，孩子和自己亲人在一起的时候，有说有笑；见到外人，要么紧张局促、胆小怯懦，要么霸道自私、咄咄逼人。

不少父母已经意识到孩子在社交方面出现了问题：不能

自己独立玩耍，一定要家人陪伴；无法适应陌生的环境；见到生人极为紧张、恐惧。这样的状况让父母极为担忧。而且，我们应该注意，孩子 6 岁之前是人生智力发展的最佳时期，也是优良性格品质养成的最佳时期，抓住这一时期对孩子进行教育，可以达到事半功倍的效果。如果错过了这个时期，长期让孩子处于小范围环境中，再加上家人的迁就、纵容、不与他人交往，就会造成孩子性格上的缺憾，对孩子的一生都有不良的影响。

问题是，父母不可能控制孩子全部的社交活动，那么，要怎么做才能培养孩子的社交能力，学会交朋友、学会与人相处呢？我们的建议是：

◎ 父母首先要建立好自己的人际关系。

如果父母自身不会与人交往，在人际交往中被动、害羞，也会导致孩子出现交往障碍。父母平时可以积极参加社交活动，在孩子面前展现自己在与人交往当中快乐、阳光的一面，让孩子在耳濡目染中，对如何交朋友有一个感性认识。

除此之外，父母还要时刻注意自己的社交方式。比如，见到邻居热情地打招呼，受到帮助友好地说"谢谢"等，这些都能让孩子在潜移默化中掌握一些基本的社交技能。

◎ 为孩子制造与其他孩子接触的机会。

不少父母认为，孩子见到同龄的孩子，自然会找到自己的朋友，有时候还会追着比自己大的孩子玩，其实，这是父母们常犯的一个错误。心理学家托马斯·伯恩特指出："一个孩子只有经常和朋友们在一起，才能增进友谊。因此，父母要为孩子的交友牵线搭桥。"父母要带孩子走出家门，到小区、公园、游乐场等孩子多的地方，主动引领孩子接触新朋友，这样不仅可以让孩子开阔视野，适应新环境，而且不同的场合也会给孩子带来更多的生活体验。

◎ 为孩子交朋友把把关。

父母为孩子交朋友把把关，并不是说只为孩子找好的小孩，严格筛除"坏小孩"。孩子是无所谓"好坏"之分的，我们提出父母为孩子把关，主要是让孩子强化朋友意识，如果孩子已经有了小伙伴，可以对孩子说："你有了自己的朋友，应该互相关心，互相帮助。"父母可以了解孩子的社交进度，适时与孩子讨论与朋友的交往情况，帮助孩子做出选择。如果一定要说"把关"的话，那也就是帮孩子选择能够合得来并且与自己的孩子优势互补的伙伴。这样有利于孩子们的优点在互动过程中强化、发展，缺点则会逐渐被克服。

◎"传授"给孩子一些行之有效的交友技能。

　　我们平时经常可以看到这样的场景：圆圆（化
名）看见同一小区的明明，于是高兴地跑过去，朝
明明的脑袋上拍了一下，结果明明转头哇哇大哭，
而原本笑嘻嘻的圆圆也突然呆立在那里，不知所措。

　　孩子分明是开心地和朋友打招呼，怎么会搞得大家都难过
呢？这是因为，许多孩子不懂得如何用语言、表情或体态去交
朋友，一片好心却因为不当的方式使孩子不容易被对方接受，
甚至有时还会出现矛盾冲突。如果父母不及时教授孩子一些交
往技能，那么孩子也会形成圆圆这种暴力的交往方式。所以，
父母平时可以多教孩子一些实用的交往技能：培养孩子学会使
用礼貌用语，如"你好""谢谢"等；教孩子使用商量的语气，
比如，希望和小朋友交换玩具时，要询问"可不可以"；如果
不小心、无意地伤害了对方，要主动说"对不起"。还可以让
孩子自己选择，带上玩具或书籍和其他小朋友交换，让孩子体
验到分享的快乐，增进孩子们之间的感情，拉近彼此的心理距
离，在孩子之间建立良好的交往秩序。

　　除此之外，父母可以教孩子一些适合儿童玩的游戏，并
且指导孩子一些玩的窍门，让孩子在游戏中成为焦点，这不
仅会吸引周围的孩子参加，还会培养自己孩子的自信。

◎ 到了适龄阶段及时把孩子送入幼儿园。

幼儿园里的同龄孩子很多，孩子自然就有了与人交往的机会；幼儿园有序的生活可以避免孩子出现以自我为中心、自私等不良性格，能够在游戏的过程中学会谦让、容忍。幼儿园集体生活对于培养孩子的独立生活能力、人际交往能力大有好处，还可以帮助孩子形成良好的自立习惯。

8. 会合作的孩子才受欢迎

人是群居动物，不可能独自一个人生活在这个世界上，更不可能依靠一己之力完成所有事情，所以，合作是必然的，学会合作是必需的。而且，随着社会的不断发展，人与人的交往日益频繁，既存在着激烈的竞争和战斗，又存在着广泛的联系与合作。一个缺乏合作精神的人，不仅无法适应时代发展的需要，而且很难在事业上有所建树，更不可能在激烈的竞争中赢得最终的胜利。"众人拾柴火焰高"的谚语流传已久，可见合作的力量无比强大。

洛克菲勒曾说："我之所以能跑在竞争者的前面，就在于我擅长走捷径——与人合作。在我创造财富之旅的每一站，你都能看到合作的站牌。"可见，合作对于一个人的生存和发展至关重要。

团队合作在现代社会处处存在，对于孩子而言，合作不仅是孩子进入幼儿园、小学等微缩社会后必须要学会的重要融入手段，而且是孩子未来发展、立足社会的重要素质，因此培养并加强孩子的合作意识和能力显得尤为重要。

独生子女在家里没有伙伴，合作的机会很少，在小区里和同龄伙伴交往也基本在成年人的眼皮底下进行，稍微有一些有悖于大人价值观的行为或举动出现，就会在第一时间受到严厉遏制。孩子往往是通过成年人的指示和教育来建立自己对周围事物的判断，而不是依靠自己亲身体验得到的直接经验作为引导。家长应该注重培养和发展孩子的合作精神和合作技能，比如与孩子共同制定游戏的规则、鼓励孩子分享自己的玩具、培养孩子多和其他小朋友沟通、让孩子们一起来完成共同的任务、任务完成后，给予积极的反馈和奖励，这些都是非常有效的实用技巧。

如果有了合作意识，孩子会认识到自己是游戏中的一员，有引导游戏更好地开展的权利，有协助参与游戏的伙伴们享受游戏过程的义务，有协调各个参与游戏的成员之间有序玩耍的责任。我们往往发现，从小就具备合作意识的孩子，能够更乐于助人，更享受团队合作游戏带来的种种乐趣，在成年之后也能够更快更好地融入团队当中，并且自觉地维护团队的整体利益。

　　培养孩子的合作精神绝不是一朝一夕就能成功的，因此，需要父母精心、耐心地教育和情感感染。只要父母能够充分认识到培养孩子合作精神的重要性，在日常生活中加强对孩子进行合作意识的教育，随时向孩子进行合作精神的引导，就能够使孩子逐渐具备合作精神，在集体活动中运用合作行为发挥积极的作用。

　　◎ 父母是孩子学习的榜样。

　　父母的言行举止会通过日常生活中的一点一滴潜移默化地影响孩子，孩子就会以父母的行为为标准，会依照父母的做法和同伴进行交往。为了让孩子得到正向的良性引导，父母就要努力为孩子树立一个良好的榜样。在生活中待人宽厚，对家庭成员、邻居、同事都要友善、礼貌、热情、平等、谦虚，并能互相帮助。

　　我们要让孩子看到，妈妈炒菜做饭忙得不可开交的时候，爸爸并没有跷着二郎腿看报纸，而是也在旁边帮忙择菜、洗菜；家里做卫生时，爸爸拖地，妈妈也没有自顾自地煲"电话粥"，而是各自负责一个区域合作劳动；周末时，爸爸的同事需要加班，孩子没人照看，爸爸把同事的孩子接到家里来和自己玩……这些生动形象又直观的现实版"教材"能逐步移入孩子的精神世界，使孩子在与别人交往合作时，自觉地把父母的言行举止作为自己的榜样。

除此之外，父母还要注意出现意见不统一的情况时，要积极协调，不互相指责；还要对身边发生的各种合作行为进行积极评价和鼓励，并且要对孩子表现出来的合作行为表示赞赏和鼓励，比如，爸爸擦地板时，孩子主动收拾了散落在地上的玩具、书本，爸爸就要及时表示感谢，并且表扬孩子，这样才能激发孩子的合作意识。

◎ 让孩子学会认识并欣赏别人的长处。

合作是把双方或多方的长处进行有效的整合，以达到优势最大化。一般而言，有效的合作过程就是互相发挥各自优势，弥补各自的不足，共同获得最大效益的过程。在这一过程中，对别人的接纳和欣赏是非常重要的。只有相互认识到了对方的长处，欣赏对方的优点，才会具备合作的原动力和基础，才会进一步展开合作的具体实施过程。所以，父母要让孩子认识并欣赏别人的长处，从内心深处真正愿意接受别人的意见和建议。

父母不要耳提面命地教育孩子"谁谁谁很优秀，你要学习别人的长处。"这样的说教不仅不能让孩子欣赏别人的长处，孩子还会因为父母拿自己的短处或劣势与对方的优点相比较而产生极强的敌对情绪。这样不仅达不到合作的目的，反而使孩子拒绝合作。所以，我们在引导孩子认识别人长处的时候，要注意自己的措辞和表情，要让孩子感觉到自己并不比别人差，只是现在努力得不够而已。

父母可以通过讲故事并结合自己的言行让孩子逐渐地明白：我们每个人都各有所长，各有所短。比如，一件优秀的品牌童装是由设计师、色彩师、儿童心理学家等多方面合作的结晶；而一本好看的童话书则是由作者、插画师、设计师等联合大家的智慧通力合作的结果。让孩子在父母的肯定与赞许中明白，善于互相发挥彼此的长处的人才能达到共同的目标，携手走得更稳更远。

◎ 让孩子在集体合作中感受到真诚合作的力量。

如果孩子总是一个人"独处"，当然不会感受到人与人之间的互帮互助究竟有什么力量和神奇之处。父母不要片面地认为孩子离社会非常遥远，也不要认为孩子将来会自然走进社会，成为一个"社会人"之后就会明白合作的意义了。这些大人过度溺爱、包办的主观思想是严重影响孩子踏出与人交往第一步的障碍。

父母要想让孩子乐观、大方、宽容、自信，就必须让孩子到集体中去，在集体交往中发现合作给自己带来的种种意想不到的好处，逐渐增强各种优秀品质，积累更多的精神财富，在集体活动中自觉地意识到与他人真诚合作的必要性。

我们可以具体到让孩子参加足球、篮球等团队活动，让孩子体会到团队内部的协调与团队之间的对抗与竞争；还可以几个家庭一起组织户外郊游，增加孩子之间的交往，人为地创造积极有益的合作事件，比如一起野炊、烧烤、堆雪人等。

如果条件不允许，也可以鼓励孩子就近串门，对孩子进行"约法三章"之后，允许孩子在同单元楼或送孩子到邻近单元楼中找同龄伙伴玩。

◎ 教给孩子一些实用的合作技巧。

人的合作意识不是天生就有的，而是在合作的过程中逐渐萌发并得到强化的，而合作技能的高低直接影响合作的进展和结果。孩子年龄小，缺乏社会交往经验，孩子往往不知如何去合作，这就需要家长教给孩子合作的技能，指导孩子怎样去合作。

我们要让孩子明白，在合作中要尊重对方，服从大局，不能只想着自己，要充分顾及他人的需求和感受，适当的时候需要做一些让步和牺牲是十分必要的。但是，在合作的过程中也要有自己的立场，不能无限度地容忍或迁就对方，坚持自己正确的立场和正直的品格才能在同伴中获得尊重和信任，取得合作的成功。

9. 幽默感将让孩子受益匪浅

幽默感是"情商"的重要组成部分，培养孩子的幽默感，看似无关紧要，其实能让孩子获益匪浅。

孩子的幽默性格一旦形成，对他的一生都会产生重要的影响。具有幽默感的孩子大多性格开朗，活泼爱笑，因而往往更讨老师的喜欢，人际关系也比不具幽默感的孩子好得多。有幽默感的孩子一般头脑灵活，思维活跃，能够从一件小事、一句简短话语当中发现幽默成分并且制造幽默，使自己和他人感到放松，消除别人对自己的心理防御，拉近与他人的心理距离，在与人交往和社交活动、集体活动中如鱼得水。有幽默感的孩子还能够主动实现自我调节，让自己的生活或学习变得更加轻松，更会以乐观的心态应对生活和学习中的压力和痛苦。

那么，如何培养孩子的幽默感呢？可以参考以下建议：

◎ 幽默的父母才能培养幽默的孩子。

根据儿童教育专家研究，人的幽默感大约有三成是天生的，其余七成则需后天培养。孩子的幽默感来自父母。因为孩子是父母生命的延续，是父母最真实的镜子，会在潜移默化中不知不觉地反映出父母的许多特点。

父母经常用幽默的语言和孩子沟通，既可以营造一种轻松愉快、自由自在的家庭氛围，减少孩子对父母的抗拒与逆反，让父母跟孩子变成非常合拍的玩伴儿，也可以潜移默化地影响孩子成为一个乐观的人。

如果父母过于关注孩子的举动，对孩子学步摔倒、磕着碰着等小意外大为惊恐，严加防范，无疑会不断暗示孩子：到处都有危险！这会使孩子精神紧张，处于焦虑之中。比如，孩子摔跤可能并不觉得有多疼，但大人惊慌失措的表现却会使孩子感到紧张，反而引起了孩子的哭泣。但如果孩子摔倒后，父母对孩子做个鬼脸，或者学孩子的样子故意假摔，孩子不仅很快就忘记了刚才的痛苦，反而被大人的搞笑表演逗乐了。

◎ 理解孩子不同形式的幽默。

真正的幽默是自然而然表现出来的，其不同的表现形式取决于孩子的个性特点。

活泼开朗和害羞内向的孩子对于幽默的表现方式是不同的：外向的孩子可能对玩笑的反应迅速，表现得也很外向；而内向的孩子一般比较含蓄。父母们不要一心想着努力培养孩子的幽默感而忽视了不同性格孩子的心理特点和接受能力，而要丰富孩子的内心世界，拓展孩子的知识面，增加孩子的各种经验和阅历，以丰富孩子的幽默来源。

◎ 让孩子明白幽默不等于搞笑、搞怪。

幽默是具有智慧的，不是刻意搞笑、搞怪，更不是哗众取宠。幽默与搞笑的区别，关键在于幽默的人不以伤害别人来制造令人捧腹的效果；而搞笑的人却常常以取笑别人、"恶搞"自己等方式博取别人的眼球。

许多孩子会把幽默和搞笑混为一谈，认为幽默就是不管别人在干什么、是否乐意而故意逗弄别人，以引起他人的注意。如果小男孩觉得掀开女生的裙子是幽默的表现，那么父母就要告诉孩子，这种行为不仅不好玩，还会使对方难堪，并不能对方感到开心快乐，很不礼貌。

◎ 注重培养孩子幽默的基本能力。

幽默的心理基础是乐观，只有乐观阳光的孩子才具有幽默细胞。真正幽默的人不怕被人嘲笑，而且善于自嘲，建立在自信基础上的自嘲能让孩子更加坚强。真正的幽默需要用心体会，具有很强理解能力才能欣赏幽默。较强的语言表达能力能够增强孩子的语言感知能力，不仅有助于孩子表达幽默的想法，更有助于孩子理解、欣赏别人的幽默。

在日常生活中，父母可以多给孩子讲幽默、机智的故事，或者脑筋急转弯等，这些故事或游戏既可以训练孩子思维的敏捷性，丰富孩子的词汇，使孩子在玩乐中不由自主地开动脑筋，被故事主人公的幽默风趣所感染，也可以使孩子在不知不觉中对幽默的词句留下深刻印象，在与人交往的时候就会不自觉地运用起来。

◎ 多进行一些有趣的亲子游戏。

有幽默感的孩子肯定爱笑，爱笑的孩子往往乐观、开朗。在日常生活中，父母可以多和孩子进行一些如"躲猫猫"、猜动物的亲子游戏，这不仅可以在游戏中增强亲子感情，还能让孩子在夸张有趣的肢体动作中感受到幽默的乐趣。

10. 懂得征求他人的意见

对于孩子来说，玩具都是"别人的好"，别人的东西更新鲜。而那些自己没有的，就更想拥有了。对于学龄前时期的孩子来讲，以自我为中心的本能会使孩子对别人的玩具伸手就抢、对别人的事情横加干预。其实这是很正常的年龄特征，我们不必太紧张，也不要简单地下结论，认为自己的孩子以后一定很霸道，肯定不招人喜欢，肯定没有朋友。我们要让孩子懂得，自己的东西和自己的事由自己做主，而别人的东西和事情就应该由别人做主。如果我们想用别人的东西，就要征求别人的意见，获得主人的同意后才能使用。我们可以利用孩子的好奇心和模仿心理，引导孩子通过积极的方式达到自己的目的。

　　3岁的彬彬看到小区里的几个小哥哥正在玩遥控车，特别想参加，于是追在哥哥们的屁股后面跑，可那些哥哥们都不喜欢跟彬彬玩。彬彬主动对其中一个哥哥说："哥哥，能给彬彬玩一下吗？"可哥哥说："不行，你太小了，不会玩。"彬彬没有放弃："哥哥，彬彬只玩一下。"可哥哥仍然没有答应。

　　看着彬彬可怜兮兮地围着哥哥转，眼睛直勾勾地盯着遥控小车看，一旁的妈妈觉得很心疼。在彬彬向妈妈投来求助的眼神时，妈妈走过去很友好地对小男孩说："小哥哥，能让弟弟玩一次吗？他会很小心的。"可几个小男孩仍旧回答："阿姨你看，这个遥控器挺复杂的，我们也都刚上手，他太小了，没法玩。"彬彬听了哥哥的话，眼泪在眼眶里直打转，但是没有哭出来。妈妈很想马上答应彬彬给他买一个，可正在权衡的时候，一个小男孩主动过来对妈妈说："阿姨，那就让他摸一下吧！"彬彬立刻用手抹抹刚要夺眶而出的眼泪，两只手捧着哥哥的遥控器，又赶紧腾出手来摸摸小车，很快就还给了小哥哥，继续安静地在旁边观看。

孩子在学龄前阶段会逐步具有自我意识，逐渐明白并区分"你的""我的"。随着孩子的思维能力逐步由直观行动思维与具体形象思维向抽象思维能力发展，我们要予以耐心指导，让孩子多做一些有目的的练习。

◎ 让孩子学会支配自己的东西。

我们在日常生活中可以让孩子对自己的东西进行自由支配，可以在家和孩子玩互相借东西的游戏，让孩子自己决定是否借出他的玩具。爸爸妈妈要为孩子做一些示范，比如，让孩子来借爸爸的手机，在借出之后要求孩子及时归还。偶尔给孩子设立几次不愿借给他的情况，并且向孩子解释"因为爸爸要看一下同事发的重要信息"，然后在孩子认真地提出出借请求的时候表现出理解和接纳的态度，再把手机借给孩子。

在孩子作为主人不愿意出借东西时，我们也要征求孩子的意见，表达自己很想借到那件物品，并且郑重承诺会很快归还，并在归还时及时向孩子道谢。这样一套完整的模拟训练，可以锻炼孩子在与同伴的真实交往中更好地满足自己的愿望又不伤害对方。

我们可以自导自演一些具体场景下的此类游戏，这样具体的指导比我们对孩子说教、讲一些大道理更能被孩子明白和使用。久而久之，孩子了解到这样的方式方法很管用，就会按照自己的思维"依样画葫芦"地解决新的问题。

◎ 告诉孩子，拿别人的东西前要征得别人的同意。

现在的孩子对自己的东西"看得紧"，而对别人的东西则使用"拿来主义"。为了让孩子能够更好地融入今后与别人的交往当中，我们可以通过一些生活细节加以引导和教育。

在孩子参加一些群体活动的时候，我们要注意细心观察孩子的举动，发现孩子有动手抢别人东西的倾向时，就要及时告诉他拿别人的东西要征得别人的同意。在与孩子安静相处的时候，父母可以给孩子讲一些故事，让孩子换位思考"如果你的玩具被抢了会怎么样"，使孩子明白他们对自己的东西有权做主，而别人的东西由它的主人说了算。比如，在孩子想抢别人玩具前及时跟孩子说："我知道你很喜欢这个玩具，但这是别人的，如果我们没有问它的主人就把它拿来玩，它找不到主人了会很伤心的。我们可以去问问它的主人能不能借给咱们玩儿一下。"

在引导孩子的过程中，父母可以尝试淡化"抢"这个字眼，也不要常当着众人的面批评孩子"不能抢小朋友的玩具"，这会让孩子感到很难过——他们会认为自己只不过拿了玩具来玩而已，而父母却那么严厉地教训自己。学龄前的孩子对"抢""偷""说谎"等并没有刻意而为之，也没有明确的不良动机，所以不要以评判成人的方式轻易地把孩子的行动定性成充满贬义意味的词句。

11. 别人的东西不要随便拿

4岁的毛毛是幼儿园中班的小朋友，可最近毛毛的一些行为让妈妈感到很不安。妈妈经常在毛毛的口袋里发现一些不属于家里的小玩具；有一次去超市，竟然还揣回了几颗散装的糖果；去邻居家、亲戚家也总会"带"回一些小东西。

刚开始，妈妈觉得可能毛毛只是一时好奇而忘记归还了，可最近发生的一件事让妈妈感到了事情比她想象的要严重很多。

妈妈的同事也有一个和毛毛一般大的男孩。某天带毛毛去同事家玩，两个孩子一开始玩得挺开心。

可后来毛毛喜欢上小朋友的弹球，还和同事家小朋友闹了小别扭，妈妈为此还教育了毛毛一番。几天之后，妈妈发现毛毛晚上上床之后，还窝在被窝里不知道鼓捣什么东西。妈妈掀开被子一看，看到了那个属于同事家孩子的弹球。

妈妈询问毛毛怎么回事，毛毛一脸轻松地说是小朋友送给他的。妈妈不太相信，不记得当时那个小朋友答应过要送给儿子的啊。妈妈打电话给同事，同事的回答让妈妈大吃一惊。同事说儿子的弹球丢了，都找了好几天了，昨天才新买了个一模一样的。

毛毛把弹球"偷"回家了！妈妈感到又羞愧又担心，越想越害怕。孩子这么小，长大了不就是犯罪嘛！妈妈就是想不通，家里条件优越，毛毛也有其他几款弹球，为什么他还要拿别人的东西呢？于是，妈妈采用各种方法教育毛毛，甚至动手打了毛毛的屁股。可越是受到严厉的责罚，毛毛"顺手牵羊"的坏毛病越发频繁。

我们常说："三岁看大，七岁看老"，难道有这个坏习惯的毛毛会把小时候的行为习惯直接带入成年，他长大后就一定会是个小偷吗？答案肯定是否定的。但如果我们把孩子的这种小问题无限扩大并加以严厉的教育，一味地打压，不见得会让孩子"改邪归正"，反而很可能会使孩子产生逆反心理，出现对着干、"我偏要"的叛逆行为。

其实，我们仔细回想起来，自己在学龄前时期从没有偷偷拿过别人一丝一毫的东西吗？为人父母，都希望自己的孩子在各方面都是优秀的，是完美无缺的好孩子，可孩子成长过程中难免会出现一些小问题，这需要家长的正确引导。

◎ 孩子其实不太能正确区分"你的""我的"。

从心理学意义上讲，孩子之所以"顺手牵羊"，有一部分原因是因为孩子的自我中心的意识使然。学龄前孩子普遍以自我为中心的眼光来看待周围的人和事，他们会认为世界是以他一个人为中心的，"我的""我自己的"概念在头脑中确定，但对"你的""他的"概念却比较模糊。他认为"你的就是我的，我的还是我的"，只要是他喜欢的东西，那统统都是"我自己的"，都是要"归我所有的"。其实这是每个孩子都会经历的阶段，这个时期一过，这种在父母眼中的"拿别人东西"行为就会慢慢消失。所以父母千万要了解孩子这个时期的心态，不要随意给幼小的孩子扣上"偷东西"的帽子。

◎ 让孩子知道，什么是自己的，什么是他人的。

虽然说孩子以自我为中心是成长的必经阶段，不必对孩子的"顺手牵羊"过于恐慌，但我们也不能对孩子的"需索无度""贪得无厌"视而不见。作为父母，要开动脑筋尽早帮助孩子建立起"所有权"的观念，知道什么是自己的，什么是他人的，并且要获得他人同意才能享有他人物品的使用权。父母可以在日常生活中向孩子借用他的玩具或是纸笔，告诉孩子要使用多长时间后才会归还，而且必须征得孩子的同意后才能把物品带走。在规定时间内使用完毕及时归还，并且真诚地向孩子道谢。孩子以后取用父母的物品也会按照这种程序进行。父母以身作则的示范意义对于学龄前孩子的这种所有权意识的建立十分有效。

◎ 寓教于乐的方式易于孩子接受。

如果孩子拿了别人的东西，我们可以通过编故事、做手偶游戏等方式让孩子明白他的这种行为是不好的，如果不及时改正，会有哪些不好的直接后果，比如，没有小朋友愿意和他玩；也可以让孩子学会换位思考，体会到"如果我是那个丢了东西的小朋友，我会很难过。"并且鼓励他及时归还东西。

可以给孩子讲一些拾金不昧的故事，让他辨别什么是对的，什么是不对的。平时看到孩子主动与他人分享玩具或是食品，要及时予以表扬和鼓励，强化他的分享行为。这样有助于建立起孩子的所有权观念，并养成尊重他人所有权的行为习惯。

12. 和同伴产生纠纷让孩子自己处理

　　孩子还小，和小朋友吵架，甚至打架了，作为父母该如何处理？教育孩子宽容忍让吧，怕孩子吃亏受委屈，甚至在与同伴交往中始终处于下风，常常被欺负而变得胆小懦弱；想让孩子勇敢些吧，又不知道孩子会如何把握勇敢的分寸。这个问题对于很多父母来说，确实是个不小的难题。

　　"爸爸，大宝又打我了。"

　　爸爸立刻把西西抱起来，紧张地问："他打你哪儿了？用什么打你的？"

　　西西仰着小脸说："他用手打我头了。"

　　爸爸问："痛吗？你还手了没有？"

　　西西笑着说："早就不痛了。我也用玩具手枪打了他的头，他没站稳，摔了一跤，还哭了呢！他打我，我都没哭！"

　　爸爸夸赞儿子："这就对了！这才是男子汉，他打了你，你就要还手，要不然他会觉得你好欺负，以后还会打你。不过，要是你打不过他，你就赶紧跑。大丈夫能屈能伸，下次再找他算账。"

　　看到心爱的孩子受到伤害，爸爸妈妈的心里会感到特别难受，"自己都舍不得打的孩子，凭什么让别人给揍了？即使我的孩子再有错，也轮不到外人来教训！"心疼孩子，这是人之常情。

在孩子"受欺负"以后，父母会紧张孩子到底受到了怎样的伤害或侵犯。如果孩子多次与其他同伴吵架或打架，父母除了怨恨对方孩子"没教养"，还会对自己孩子的被欺负而不还击感到焦虑不安，对孩子的"好欺负"恨铁不成钢，甚至数落孩子："你怎么这么老实？就不知道还手呢？你不还手也该知道躲啊！你怎么就这么傻啊！"父母的着急和担心变成了埋怨与指责，这不仅不会让孩子感到安全，反而会让孩子产生深深的挫败感，觉得自己很没用，还会使孩子产生在外面受了伤害，回到家还要被父母责骂的没有人疼的伤心感觉。

而如果父母一味地强调"他打你你也打他，他咬你你也咬他"才是勇敢的表现，才是解决"他打我"的唯一方法。这种以暴制暴的方法不仅不能帮助孩子看清整个事件，还会使孩子得到错误的信息：不管谁对谁错，被打了就要还手，而且先下手为强才能赢得上风。这样下去，自己的孩子不再是那个被欺负的人，而变成了用拳头欺负别人的人了。因为父母没有让他明白："我和同伴之间到底发生了什么事情？我为什么被欺负？如果我还手了，也打了别人，最终我会得到什么？"孩子的暴力受到了来自父母的鼓励，久而久之，必定影响孩子的健康成长，孩子的心理成长也会受到不良影响。

那么，面对孩子和同伴产生纠纷的情况，我们到底要不要插手？最好的处理办法就是：让孩子自己处理，父母不要插手干预。

小孩子在一起玩耍的时候常常为了鸡毛蒜皮的小事发生矛盾、争执，甚至动起手来，这是十分平常的事。如果父母发现孩子们发生了冲突，就亲自出马插手干预，护着自己的孩子不让他吃一点儿亏，小孩子之间一时的小冲突，就会演变成大人间的矛盾，这样的情况时有发生。

其实，孩子之间发生争执或冲突，一般都没有什么大不了的矛盾，绝大多数是因为抢玩具、插队玩滑梯、游戏中有意或无意的推搡等。孩子的处理方式比较简单，而且不记仇，如果父母直接干预，不仅很有可能把简单的问题复杂化，还会伤了家长之间的和气，甚至刚刚有过冲突的孩子已经亲热地玩耍起来了，而家长却在这边动起手来了。

所以，孩子发生矛盾和冲突，我们要相信他们，让他们处理、解决，这样才能使孩子独立，内心强大，才能锻炼孩子处理和解决问题的能力。父母不用刻意教育孩子"人若犯我，我必犯人"，在孩子遭到对方攻击的时候，孩子有还击的权利，但并不意味着家长必须要求孩子"打回去"。

对于个性强的孩子，我们要引导孩子对待同伴友好谦让；而对于弱势的孩子，千万不能过度保护，当然更不能完全撒手不管，我们应该耐心等待孩子鼓起勇气，自己解决和同伴间的冲突。如果孩子受了委屈，被人"欺负"，父母要做孩子坚强的后盾，接纳孩子的害怕和委屈，但也不要表现得过于紧张、焦虑，父母的轻松面对会让孩子觉得这件事情没什么大不了的。我们只需要让孩子在内心意识到：不管对方有多么强大，只要自己遵守了规则，就不必向任何人妥协。

如果孩子处理得不好，父母还是要及时出面干预，但并不是质问甚至责骂对方的孩子，也不只是简单地拉开孩子了事，而是要首先对孩子们强调规则，强调打人是不文明的行为、别人的东西没经过主人允许不可以拿等。其次，要教育孩子承担结果。要求打人的孩子道歉，并且安抚被打的孩子；或是要求抢东西的孩子归还物品并道歉，而不是简单地以大人的身份拿回东西。经过多次这样的处理解决之后，孩子们会逐渐明白规矩的严肃性，以后就会逐步遵循这一规矩而不会随意违规。

学会自我保护和沟通协调是孩子适应社会必须具备的基本能力，父母是不可能保护孩子一生一世的。如果孩子不能通过自己的力量和能力去学习、领悟人生中的课程，那么在离开父母双翼后，独立面对人生的时候会感到格格不入，极难适应。

不要吝啬你的怀抱和微笑，当你抱起孩子的那一刻会体到来自孩子的信任与怜爱，让孩子真切地感受来自爸爸妈妈的温暖吧！

第三章

温暖：
让孩子感受到父母的爱

13. 严格教育必须要与爱相结合

世界上的爱各种各样，而父母对孩子的爱是一种复杂而高尚的不求回报的精神境界。对孩子无私的爱护，是人之常情。但是，许多父母把对孩子的爱过度地倾注，对孩子的一切需求一味地包容迁就，过分照顾，始终以孩子的所需所想为基准，把孩子捧在家庭中的特殊位置上。这种爱其实是一种"害"，只能把孩子惯出许多诸如自私、任性、懒惰的毛病。等孩子长大之后，或许还对父母的养育之恩不屑一顾，甚至还会怨恨父母当初太宠爱自己，害得自己什么都不会、什么都害怕。那时候父母委屈、悔恨已经晚了。

高尔基说："爱孩子是母鸡都会做的事。"对孩子过分溺爱娇惯的父母仅是孩子的保姆，而不是以教育者的身份出现在孩子面前的，自然不能在孩子心目中树立家长应有的威信。这也是不少父母抱怨："孩子小小年纪，根本不把我们放在眼里。""我们都是对他好啊，可我讲的话，他都当耳边风了！还嫌我唠叨！"

而有些家长，他们已经认识到对孩子娇惯溺爱、迁就纵容、百依百顺是不好的，他们要严格要求孩子，不能让孩子太过娇弱。但是，父母对孩子时常打骂体罚，苛刻要求，使孩子表面上唯唯诺诺、听话乖巧，而心里却委屈难过。这样教育出来的孩子要么软弱可欺，要么叛逆张扬。

其实，我们在教育孩子时往往处理不好"慈爱"与"严格"这两方面的分寸。对孩子溺爱有余而严格不足，久而久之，孩子将会因此而逐渐松散懈怠，也就难以进行正常的家庭教育。而片面理解"棍棒底下出孝子"的古训，用过激的态度和方法处理孩子的问题，不尊重孩子的自尊心，也会影响孩子身心的健康发展。在我们的家庭教育中，严与爱确实是一个特别常见的问题，却又是一个难以平衡好的问题。如果我们不能把握好严与爱在家庭教育中的分寸，无法正确处理二者之间的关系，就极易陷入家庭教育的误区。

那么，我们怎样才能成为一个既严格而又不失爱心的家长呢？

◎ 只有给予尊重，孩子才能信任并尊重我们。

马卡连柯认为："只有把每个人当作人看，那么个人问题就可能解决。"我们不少父母把孩子仅当作需要大人照顾的、毫无自我保护能力的儿童，而全方位地包办了孩子的一切。确实，孩子的年龄特征和身心的发展不成熟，决定了他们不可能像成年人那样懂得如何学习和生活，无法养成自我控制的习惯，所以他们往往会给大人制造出各种各样啼笑皆非的麻烦和困难。但是，我们应该看到，孩子是一个人，有独一无二的个性，他有他的小秘密，也有他的自尊心。对于孩子的一切，我们都要予以尊重，要像对待一个成年人那样尊重孩子。只有给予尊重，孩子才能信任并尊重我们。

◎ 对孩子的生活要予以关爱，并多一些宽容和理解。

由于孩子处理生活能力还比较弱，心理承受力也很脆弱，面对生活中出现的麻烦和困难常常显得力不从心。这就需要我们及时予以关心和爱护，帮助他们解决困难。但是，关爱孩子的生活并不意味着父母对孩子的生活完全包办代替；而是帮助孩子逐渐掌握管理自己生活的能力。"授之以渔"，而不是"授之以鱼"。只有这样的爱，才是真正的爱。

孩子年龄小，因为生理和心理的原因常常会说错话、做错事。有时候，孩子并不知道自己做错了，比如，三岁的孩子扣错了纽扣、反穿了袜子；五岁的孩子顽皮打闹弄坏了衣服、拆卸了玩具，等等。这些都是由于孩子生理和心理特点造成的，他全然不知错。对于孩子的这些表现，我们要予以理解，不能过多责备，更不能说一些"你真笨"之类伤害孩子自尊心的话，而是应具体指导孩子"应该怎么做"，不断丰富孩子的生活经验，激发他积极进取的愿望，进而逐渐学会辨别对与错。

◎ 只爱不严远远不够，但要严而不厉、严而有格。

爱是一切教育的基础，没有爱便没有教育。但是，只有爱是远远不够的，父母还要对孩子严格要求。但一些家长把"严"定义为责骂、棒打，虽然出发点是为了孩子好，但却伤害了孩子的自尊，导致孩子容易出现逆反心理。所以，既对孩子严格，还要严而不厉，并且严而有格。

从某种意义上说，严格而不迁就，爱而不放任是家长喜爱孩子的另一种表现形式。对孩子缺乏严格要求，放任自流，是父母不负责任的表现。但严格也不等于严厉，不等于强硬态度和武断偏执的作风。严厉会让孩子感到害怕，产生恐惧心理，久而久之，反而会使孩子的依赖性变强，胆小懦弱。

而且，严格应该有分寸，有一个"度"。如果父母的严格没有分寸，完全凭自己的主观判断或是情绪好坏来对待孩子，势必会产生不好的结果。所以，对孩子严格要求也是父母对自己的一种严格反思和自省。

此外，父母严格要求孩子必须有一个明确的、恰当的标准，这个标准就是"格"。这个"格"就是约定俗成的家规或者是家长为孩子订立的行为规范——让孩子明白什么是能做的，什么是不能做的。家长更要平等公正地对待孩子每一次犯错，不要孩子一犯错误就严厉对待，而应该具体事情具体处理。认真思考孩子的行为是出于过失呢，还是始于故意？是偶犯呢，还是经常？然后再对孩子进行教育，才能让孩子真正地正确认识错误并心甘情愿地改正错误。

常言道："爱必严、严是爱。"爱与严是辩证统一的，我们只有对孩子做到严爱统一，才能有效地培养孩子良好的思想品质和行为习惯，才是真正地为孩子的将来着想。

14. 孩子需要爱的赞赏

不少父母发现，如果今天夸孩子的手很干净，明天他的手就会更干净；如果今天夸孩子自己穿了衣服，明天孩子更会早早地把衣服穿好。如果你今天夸孩子有礼貌，会主动和邻居打招呼，明天他老远见到邻居就开始扯着嗓子打招呼了。孩子毕竟是孩子，他会很在意大人怎么看他，也很愿意取悦大人。在受到父母的夸奖时，他不仅会觉得十分开心，情绪高涨，而且还会逐渐懂得什么是对的，什么是错的。这样比父母直接对他说应该做什么、不应该做什么，效果要好得多。

夸奖孩子是必不可少的教育方式，但是，夸奖孩子并不是一件易事。因为，如果父母夸得不准，孩子就会觉得父母是敷衍了事，感觉受到了欺骗，起不到激励孩子的作用。如果夸错了，那就更糟糕了。孩子就会把错的当成是对的，父母的夸奖就会起到反作用，而且当父母意识到问题的严重性想要纠正时，才会发现那些由于父母疏忽而助长的坏习惯要改正起来十分困难。因为在孩子心中，是非评判标准已经因父母的错夸而产生了混淆。比如，当一个3岁的孩子把牛奶洒得满身、满地都是，父母哭笑不得地对他说："你可真能干啊！"孩子就可能不会理解这句话的真正含义，他或许会信以为真，以为父母在夸他能干，或许下次他就会故意在喝牛奶的时候往地板上洒一些。

所以，我们不仅要夸孩子，还要夸得好、夸得准，更要有创意地夸，才能让孩子感到自己的每一点细微进步、每一个小小闪光点都被父母所关注，才会使孩子在父母给予夸奖和鼓励中产生成就感和自豪感，促使孩子不断进步。

表扬无疑是孩子成长必需的“营养”，能够帮助孩子建立自信心。但是表扬有时也会带来一些副作用，比如，孩子可能会避免尝试做一些可能失败或无法得到表扬的事情，也可能会给孩子一个错误的导向，让孩子认为父母喜欢自己做那件事，反复做就能不断得到表扬。于是，孩子会刻意做我们喜欢的事情。

> 多多喜欢涂鸦了，不仅画得很投入，还常把自己的得意之作向大家展示。可有时候爸爸妈妈夸他画得好，他反而不高兴。有一次他画好了一幅画让妈妈看，妈妈说：“多多，你画的这个狮子真威风！”可多多噘着嘴说：“我画的是‘喜羊羊’！”妈妈赶紧说：“哦，是‘喜羊羊’啊！你把它的羊毛画得好可爱啊！”多多高兴地向爸爸、爷爷、奶奶展示，大家都由衷地为他的进步感到高兴，并且都赞扬他画得很棒。妈妈以为大家的鼓励和赞扬会让多多再接再厉，可很意外的是，多多很久都不再画画，即使妈妈鼓励，他不管怎么画、不管画什么都说画的是喜羊羊。

孩子很在意父母的表扬，他往往不太确认自己哪里画得好，担心再画会没有以前的好而得不到表扬。但他却清晰地记得他是因为画喜羊羊而得到的表扬，他可能会以为妈妈喜欢他画喜羊羊。这还可能跟妈妈赞扬时候使用的方式有关：妈妈可能给孩子传递的信息是，妈妈只是喜欢他画的那幅画，而不是喜欢他画画的行为或态度。

为了鼓励孩子坚持自己的爱好，树立良好的信心，我们不能盲目地对孩子说："你真棒！""你很厉害！"之类的空话。如果父母对正在收拾玩具的孩子说："你真是个好孩子！"这样孩子就可能不明白父母是表扬他玩具收拾得好"是个好孩子"，还是不再玩那些父母认为不太干净的玩具"是个好孩子"。而如果父母说："你不再玩那些掉在地上已经脏了的贴画了，我真高兴。"这样孩子就会明白他这种行为是好的，以后还会这么做。

◎ 赞扬孩子努力的过程而不是结果。

要知道，即使是非常优秀的成年人也不可能保证把每一项工作做到完美，最聪明的天才神童也不可能每次比赛都得第一。所以，如果我们对孩子的行为结果表示赞叹："你是全班吃饭最快的小朋友，真棒！"这无疑就是在告诉他，你得了第一，或者你取得了什么样的成绩，才是值得赞叹的，才是值得父母为你骄傲的。孩子听到了这样的赞美很可能在每次吃饭时为了得到那个"吃饭第一"而狼吞虎咽，生怕被别人抢了先。而对于这样的孩子，他不敢尝试自己没把握的事，或者当他做事的时候也会过于注重结果，患得患失。

如果父母更多地赞扬孩子努力的过程，孩子就会知道在这个过程中他的某个技巧有提高，他在这个过程中非常努力，他使用的方法非常好，这些都是父母表扬的原因，那么即使他这次行为并没有取得相应的成绩，孩子也还会继续努力，保持积极向上的劲头。

◎ 赞扬他的努力而不是能力。

如果孩子得到的赞扬多是关于自己聪明或者能力强的话，那么孩子会尽量避免一些不知道是否能收获赞扬的新尝试。比如，妈妈教 2 岁的孩子认国旗，拿很多印有各个国家国旗的图片问年龄较小的孩子，哪个是中国的国旗，孩子在十几张图片里面正确地选出了答案。妈妈再问，哪个是美国的国旗，孩子又答对了，妈妈非常开心，她没想到才教两三遍，孩子就能都认识了，于是夸孩子很棒，亲着孩子转了好几圈。妈妈继续问孩子，可很快发现，孩子碰到不认识或是记不清的图片时，不管问什么，都说是美国国旗了。因为他认为是这张图片赢得了妈妈热烈的拥抱和亲吻，妈妈肯定还希望他指出这张图片。

这种情况也发生在 4—6 岁的大孩子身上。有的父母教孩子认字，对我们认为孩子已经学过并掌握的字进行抽查，对于不太确定的字，孩子有时会直接告诉我们"我忘了"，而大多数时候他们会以其他他掌握得很好的字来代替。他们在游戏中也更倾向于进行那些自己非常有把握的事，以期别人赞扬自己这方面能力的高超，而不是努力去做新的尝试。

◎ 赞扬孩子的态度而不是事情本身。

不要让孩子感觉到因为你做了某事，你才是好孩子，我才爱你。不要用表扬来刺激孩子去做好事。这样会让孩子认为：我做了这件事，妈妈才会爱我，如果我不这么做，妈妈就不爱我了。于是，孩子为了得到妈妈的赞扬和爱，就会更多地以妈妈的心愿作为自己的行为准则，这样会让孩子失去自我评价能力，失去自信、没有原则。总是以别人的喜好和眼光来看待自己，长大之后，他也会根据别人的眼光来调整自己的行为，成为一个缺乏自信的人，会违心地做一些令自己委屈而可能会让别人开心的事情来得到对方的认可。

15. 爱孩子就让孩子从小独立

中国学前教育研究会曾以随机抽样的方式对北京、上海、广州、重庆四大城市的 4464 名 3—7 岁孩子进行了一项关于独立性的调查。调查结果显示，从 3 岁到 6 岁，孩子自己穿衣服的比例由 25% 上升到 45%，虽然比例上升，但依然有许多父母对孩子包办太多。

实际上，孩子在 2 岁就开始有自己穿衣服的愿望和能力了，到 3 岁基本可以独立穿衣服。而我们的父母总是一次次剥夺孩子的独立权利，担心"孩子太小，穿不好、穿得慢，要是着凉生病怎么办？"殊不知家庭教育中父母对孩子包办太多，培养孩子独立性的意识严重不足必然会导致孩子自理能力差、自信心弱、缺乏自我肯定的情感和态度，对日后的生活会产生许多不良影响。

现实生活中，不乏品学兼优的"三好学生"对如何打开熟鸡蛋的外壳束手无策的社会新闻，这样的新闻其实就发生在我们身边。父母如果只关注孩子的身体健康和学习成绩，完全包办了孩子的生活，身体再壮、成绩再好也只是一位高分低能的"书呆子"，一进入社会就会被击垮的"纸片人"。

有的父母会有所顾虑："我也知道要孩子独立，这对他来说有好处，但看到他穿衣服穿得那么费劲，担心他着凉，我就忍不住要动手帮他穿；看到他自己吃饭撒得满脸满身、踩得一地黏糊糊的，我又忍不住要给他喂饭；我把他的衣服折叠放好，他偏要重新打开铺到地上折，我就忍不住想制止他。而且他还常常故意做一些我们禁止的事情。这样的'独立性'

让我怎么办？"

是的，孩子的自我意识发展，"闹独立"的种种行为常常让大人觉得很"烦"，但我们要认识到，培养孩子的独立性并不是任其自由发展，而是要在鼓励孩子增强自理能力的同时教育孩子懂得初步的是非观念和行为规范，并且让他逐渐学会如何约束自己。

爱孩子就要让孩子从小独立。具体说来，就是根据孩子的年龄特点经常为孩子创造相对自由、轻松的环境，为他提供独立活动的机会和条件，帮助他们逐步学会自己做事、自己动脑筋想问题。

◎ 放手让孩子做力所能及的事情。

孩子的独立性需要在生活实践当中逐步培养起来。只要是孩子自己能做的事情都应该让他自己做，哪怕他做得慢、做得不太好，都不要急于代替他。

学龄前孩子基本都有强烈的"我自己干"的要求，我们可以因势利导，从培养孩子日常生活的初步自理能力开始。在孩子1岁左右时，可以给他使用儿童专用的防摔耐摔的餐具，让他自己吃饭。从孩子自己吃饭，到自己穿脱衣服、鞋袜，自己如厕，自己收拾玩具。我们可以给孩子一定的帮助，但不能完全包办。基本的自理能力实际上是整个学前幼儿期的培养重点。

如果父母包办惯了，孩子就会想如果自己磨磨蹭蹭，父母肯定会来帮忙的。一旦有了这样的想法，就会形成恶性循环：父母希望孩子独立性增强，但见到孩子磨蹭就忍不住一边帮忙一边还不停地数落。这样的孩子做事不仅没有积极性，而且容易对别人产生依赖性，做事更加拖沓，养成慢吞吞的习惯，而家长见状又一次次做善后工作，更加剧了孩子的依赖感。这样不仅不能培养孩子的独立意识、独立生活能力和自己去做的劳动习惯，反而使父母更累，孩子更弱，亲子矛盾更为突出。

◎ 创造机会培养孩子自己拿主意、做决定的能力。

孩子虽然年龄小，但他也有自己的看法，有自己的认识。由于我们的教育常常注意培养孩子顺从听话，注重培养"乖孩子"，加之从日常的生活小事到孩子的各项发展都由家长一手包办了，所以孩子缺乏自己做决定的机会和权利，便不具备良好的自我选择和决策能力。在生活中，父母应该给孩子创造机会让他自己拿主意，具体而言，可以从孩子最喜爱的活动方式——游戏入手，即父母允许并鼓励孩子自己选择他喜爱的游戏方式和活动内容，自己选择材料、扮演自己中意的游戏角色。比如，当孩子认真地取出一些积木却不知道该如何下手的时候，父母暂时不要急于指导他"我们搭个房子吧""我们做个滑梯吧"，而是耐心地等待。看到孩子开始动手了，也不要急于指出"看，你这里没对准，搭不了多高就会倒塌的。"而是静静地关注孩子的行动。如果真的很快坍塌了，也别说"看吧！我说底层没放好就会塌吧"之类的话，而是鼓励孩子继续完成。当然，要是孩子搭建了一半，半途就转移了兴趣，父母可以鼓励孩子把游戏继续进行下去，或者暂时不着急收纳玩具，给孩子留下这片天地，他的兴趣还会从其他玩具中又转回来的。

◎ 尊重爱护孩子的劳动成果，让孩子真正体会劳动的快乐和意义。

虽然孩子还不能把事情做得像成人那样好，但他们的努力一定要得到父母的肯定。如果一个孩子高兴地向妈妈展示自己衣服上的贴画是因为讲故事讲得好而获得的，妈妈一定要说："你很棒！你真是'故事大王'！"而千万别说："故事讲得好有什么用啊？"这句话否定了孩子的所有努力，让孩子感到难过又难堪。作为父母，我们要尊重并且爱护孩子的劳动成果，比如，孩子自己捏的陶艺、画的图画、做的手工等，没有得到孩子的允许，父母不要擅做主张随意丢弃。因为那些成果，都是孩子通过自己的辛苦努力得到的。

◎ 分配一些家庭任务给孩子，培养孩子的独立意识。

孩子很愿意为父母做事，很希望得到父母的夸奖。我们要抓住孩子的这个心理，给他分配一些家庭任务，在孩子遇到一定困难时父母不要心软，鼓励他克服困难并在一定程度上帮助他完成任务，让他体会到自己独立的乐趣和滋味，在体验过程中增长孩子的自信心和意志力。

16. 不要拿孩子和别人比较

父母教育孩子的时候，常常拿自己的孩子同其他孩子相比较。这是生活中常常发生的情形，而父母还会肯定地认为自己是希望通过比较来激励自己的孩子上进。

乐乐从幼儿园回来就央求妈妈同意他看一会儿电视。正在准备晚餐的妈妈见孩子一回来就只顾着看动画片，有些生气，忍不住数落起儿子来："你怎么就知道看动画片？好些天不看英语光碟了，给你报的外教英语白交钱了？你怎么不向人家笑笑学习啊？人家每天都听英语，人家还坚持练舞蹈，给你报个兴趣班你也'这个不喜欢那个没意思'，你怎么就不知道长进？"

"是啊，笑笑什么都比我好，你去做她妈妈好啦！"乐乐生气地嚷嚷。自己的妈妈怎么总说别人的孩子好呢？难道自己真的那么笨吗？妈妈的话真让乐乐难过。

妈妈说的是让孩子无力反驳的事实，但妈妈恨铁不成钢的言语会让孩子丧失信心，孩子会认为妈妈贬低自己、夸奖别的孩子，是因为我"真的没用"，连妈妈都对我失去信心了。他们很可能会产生"算了，反正我不管做什么都比不上别人"的想法，自卑感越来越重，做事情也越来越没有激情。

父母希望通过比较得到提高，通过拿别人长处来激励孩子就能使他进步的办法，但是这对于孩子来说是"长他人志气，灭自己威风"，不仅不能使孩子得到鼓励而增强斗志，而且一些盲目、无谓的比较还会大大伤害孩子，严重打击孩子的自信心。

我们爱孩子，希望孩子更优秀更强壮，才会出于鼓励的目的把孩子与其他孩子相比较，这难道有错吗？但每个孩子都是独立的个体，都有独特的性格和能力，我们如果单纯地认为通过和别人比较之后才能让孩子认识到自己的不足和缺点，才会努力加以修正，这种构想是美好的，但方法却欠妥。有的孩子就抱怨："我妈妈专门拿我同好孩子相比，专门拿我做得不好的地方和别人的优点比，让我觉得很难堪，经常这样比来比去烦死了。"父母这样的比较会让孩子不断地被否定，孩子心里也产生自我否定，所以经常出现令父母焦虑的"越比越差"的情况。父母美好的愿望和出发点最终却使孩子朝完全相反的方向发展，这是令人始料不及的。

那么，我们怎么样才能让孩子学习别人的优点，反观自己而得以提高呢？父母可以参考以下建议。

◎ 让孩子感觉到自己在父母眼里是一个很优秀的孩子。

每个人都希望得到别人的肯定，这是一种正常的心理需要。当父母教育孩子的时候，注重满足孩子这方面的需求，会让孩子感到，自己虽然还有许多缺点，离父母的期望尚有距离，但自己在父母眼里仍然是个有许多优点的能干的孩子。

得到父母肯定的孩子会感到受到鼓励，信心增强，对于父母的表扬会在心里产生荣誉感，更能激发孩子的责任心，所以，肯定远比充满打击意味的否定激励效果要好得多。

◎ 让孩子接触榜样，从心理上佩服之后自发地产生学习榜样的动力。

不少父母总是嘴里说谁谁谁很优秀，谁谁谁"比你强"，孩子没有直观感受，这些人的优点对他而言仅仅是一句空话、一个符号而已。孩子没有从心理上认可父母给自己设定的评价参照物，自然不会真心觉得对方比自己优秀，不会自发地产生向对方学习的动力。

所以，父母不仅要以孩子的同学、邻居、亲友这些就近社交圈中具体的人作为榜样，而且要创造孩子与榜样交往接触的机会，让孩子在与对方玩耍、学习的接触中真实地感受到对方的优秀之处，才会"心服口服"地愿意向榜样学习。

> 妈妈和乐乐到笑笑家玩，当乐乐在笑笑家里看到笑笑确实认真聆听英语光碟，和父母用所学的简单英语进行交谈，给自己的玩具取英文名，自己当老师给玩具们或者家人们上英语课等，乐乐才会感到笑笑在英语学习这方面真的比自己优秀，"怪不得上外教英语时笑笑发言最多，得到的奖励星最多"。这种"眼见为实"的真切感触才会对乐乐产生良好的刺激。

◎ 发现、赞美、学习孩子的优点。

看到孩子的优点，父母在心里会感到很欣慰，如果把这种幸福感通过语言的形式向孩子传达，会让孩子感到自己的优良表现给父母带来欢乐，从而受到鼓励，不断进步。比如，孩子画的画虽然在父母看来是一团糟，无从表扬，但孩子能够端坐在书桌前坚持画完，能够在画完之能后收拾好水彩笔，这些都是值得表扬的优点。父母短短一句话，可以让孩子觉得，即使自己的绘画作品不太理想，但自己的行为已经受到了肯定，会在发扬优点的前提下努力提高绘画技能。

每个孩子都有优点，这是毋庸置疑的。而孩子身上的优点往往是大人所缺失的。父母要放下架子，认真向孩子学习，特别是在生活方面。有的孩子在幼儿园里养成了起床后叠被子、及时归纳拖鞋、饭后刷牙的好习惯，父母可以多赞扬孩子的这些表现，不妨以孩子为"小老师"，反而会促进孩子向更高的标准努力。

17. 关爱能让软弱的孩子变坚强

过于软弱的人无法适应当下竞争激励的社会环境，而软弱的性格并不是一天两天形成的，这与幼年时家长不当的教育方法有着必然的联系。

许多父母认为，只要孩子健康快乐，即使自己吃再多的苦，受再多的累，也是心甘情愿的。父母们无私地宠爱着孩子，竭尽全力为孩子提供最好的生活条件，营造最好的成长环境，这样伟大的爱令人敬佩。但如果溺爱、纵容孩子，过分顺从孩子的意愿，过分包庇孩子的缺点错误，对孩子自己力所能及的事全部包办。这样的爱只会害了孩子，使孩子产生顽固的依赖思想，让孩子变得软弱。

父母不可能永远把孩子呵护在自己的羽翼下，孩子总要进入社会接受考验的。没有坚强品质的孩子在长大成人步入社会之后，会轻易地被独立生活中遇到的一些挫折、一时困难击倒，我们身边不乏这样的反面例子。要知道，无论做什么事都需要有恒心，而恒心是基于坚强的性格。

除了过分的关怀和溺爱会造成孩子软弱之外，父母在言语上的恐吓、不恰当的夸奖等，也会使孩子养成软弱的性格。

虽然许多性格懦弱的孩子随着时间的推移、经历的增加，到了少年、青年时代也可以变得坚强起来。但这需要花费一番巨大的周折和刻苦的心理锻炼才能得以实现。童年是孩子性格形成的关键期，只要方法得当，就会事半功倍。那么，在生活中如何使软弱的孩子变得坚强呢？

◎ 鼓励孩子大胆地说话。

不少性格软弱的孩子在人际交往中会比较内向，宁愿在一旁默默关注同伴游戏也不加入，不喜欢说话，更不善争论。对于这种孩子，父母要戒急戒躁，不能责骂孩子或逼迫孩子说话，尽量少讲"你必须这样做"之类的话，而应该多与孩子进行讨论式的交谈，比如，"这件事你是怎么看的呢""你觉得该怎么办"，多给孩子营造相对自由宽松的独立思考与处理问题的机会。对于孩子的意见，正确的要及时肯定、赞许，给孩子以鼓励，让孩子有自信，增加他的勇气。如果孩子表达的意见不正确，也不要责怪他，可以通过一些启发式的语言引导孩子认真思索自己的意见为什么不对，从而不断提高孩子的讲话能力。

◎ 鼓励孩子多参加集体活动。

心理学家指出，游戏是纠正不良性格的最佳途径。父母在孩子小时候就要带孩子多接触同伴，鼓励孩子参加集体活动，让性格软弱的孩子经常和胆大勇敢的小伙伴一起玩耍，在保证安全的前提下鼓励孩子跟着伙伴们做一些平时不敢做的游戏。平时也可以鼓励孩子结交新朋友，在超市、餐馆等场所向服务人员表达自己的需要。

◎ 恒心和耐心是坚强意志的基础。

千里之行，始于足下。孩子软弱的性格不是一天两天形成的，当然也不可能在一两天内就能豁然开朗，变得坚强。因此，父母培养孩子的意志品质，要从点滴开始，从小事入手。比如，恒心、耐心是坚强意志的基础，父母可以给孩子准备串珠、拼图、迷宫等游戏，让孩子得到从易到难、从低到高的磨炼，让他们享受坚持带来的喜悦和成就感。

◎ 让孩子学会反省，并向自己的缺点发起"进攻"。

"天将降大任于斯人也，必先苦其心志，劳其筋骨，饿其体肤，空乏其身，行拂乱其所为"，要获得成就，必须经历苦痛和磨砺。我们往往对外界的困难竭尽全力地解决，却发现来自自身的种种问题阻碍了我们的发展。所以，父母要教孩子从小反省自己，帮助孩子认识到自己的意志品质处于何种水平，鼓励孩子向自己的缺点发起"进攻"，通过改正身上顽固的缺点，从而锻炼出坚强的意志。

18. 鼓励孩子战胜挫折

现在的孩子集万千宠爱于一身，被父辈、祖辈过多过细地照顾和保护。渐渐地，孩子的独立性、自觉性、自信心减弱，而依赖性却逐渐增强，变得任性而脆弱。更麻烦的是，由于孩子的事情几乎都由家长包办了，孩子不知道怎么做，不知道做错了会有什么后果，更无法面对失败带来的挫折感。本来孩子某天心血来潮想剥个鹌鹑蛋，可尝试了几次都没法剥掉蛋壳，就发火一把把蛋捏碎了，还对前来帮忙的大人又踢又闹。一点儿小小的不如意和挫折就让孩子歇斯底里，这难道是我们想要培养出来的"天之骄子"吗？

生活中，挫折无处不在，甚至伴随着我们每个人成长的每一步。现在的孩子们在"蜜罐"里长大，如果不进行适当的挫折教育，可能会缺乏那些对他们终生发展都具有极其重要作用的心理素质。

目前，不少心理学家、教育学家等纷纷呼吁，要给孩子一些挫折教育。

所谓挫折教育，就是在正确的教育思想的指导下，根据孩子的身心发展和教育的需要，创设或利用各种情境，提出各种难题，让孩子独立地通过动脑、动手来解决矛盾，使他们逐步形成对困难的承受能力和对环境的适应能力，最终培养出坚强的意志。

对于挫折教育，不少父母把它简单地理解为让孩子吃苦头、受委屈，这是十分错误的。挫折教育的目的不是打压孩子的自信心，不是劳累孩子的身体，而是教育孩子如何正确对待失败，并且如何尽快调整好心理，迎难而上发挥自己的能力或潜力取得最终的成功。一味地让孩子"吃苦头"，只是让孩子过早地承受打击，感受不到通过自身努力由失败到成功的成就感，会严重挫伤孩子的自尊心和意志力，影响孩子的心理健康发育。所以，我们要在日常生活中，让孩子尝试一点儿生活的磨难，使孩子明白生活并不是一帆风顺的，随时可能遇到各种困难和挫折，但只要坚强勇敢地面对，只要努力不懈地寻找解决问题、克服挫折的办法，就能获得成功。

那么，应该怎样对孩子进行挫折教育呢？

◎ 根据不同年龄段设计不同的挫折计划。

学龄前孩子虽然自理能力较弱，但我们可以根据不同年龄段孩子的心理特点有针对性地进行一些挫折教育。比如，对于 1—3 岁的孩子，自我意识开始形成但行动力有限。我们可以有意识地给孩子讲故事，以童话的形式培养一些简单的迎难而上、不屈不挠的思维，如龟兔赛跑的故事等。

对于 3—6 岁的孩子，已经可以比较明确地表达自己的愿望。在他们的脑海中已经具备了社会结构的雏形，明白老师是权威的代表，小朋友是合作伙伴的代表。我们可以根据这一年龄特点，引导孩子以合理的方式表达情绪、达到目标。此时的挫折教育主要是磨炼孩子的意志，让孩子学会自控、战胜自我、应对挫折和打击。比如，孩子执意要买一款新出的芭比娃娃，在家长拒绝之后哭闹不止。我们可以一面安慰孩子，一面告诉他应该怎么做父母才会给她买，并且不断地强化这种反应模式，使孩子在愿望暂时得不到满足的时候，不仅会控制情绪，更会主动考虑通过其他合理有效的方法努力实现愿望，而不是一味地哭闹，发泄情绪。

◎ 积极利用现有资源创设困难情境，锻炼孩子的受挫力。

提高孩子的受挫能力，并不用专门拿时间对他进行挫折教育，也不用给孩子报名参加各式各样的夏令营活动而应该在日常生活中利用现有资源，创设一些困难情境，或模拟日常生活中出现的难题，让孩子根据已有的生活经验，开动脑筋，通过努力克服困难、完成任务。

比如，孩子的书本被放在了较高的地方，跳起来够不着，但可以通过搬凳子、使用其他东西、请求父母帮忙等方式拿到书本。我们可以让孩子自己处理这件事，并不时提供孩子所需要的帮助。在孩子决定利用板凳的时候，我们可以告诉孩子，站在凳面的边缘容易摔倒，而站在中间会比较稳固，引导孩子感觉一下变换着力点带来的后果，比反复叮嘱孩子"小心"的效果要好很多。

当孩子经历了由"不会"到"会"，由别人帮助到自己独立完成的过程后，会在心理上得到一种满足感和成就感，认为自己是"有用的人"，并且"很厉害"。在孩子独立解决问题的过程中，也锻炼了他们的自理能力。

我们在有意为孩子创设困难情境的时候，要注意的是，难度不能太大，应该循序渐进，逐步增加难度。在设置困难时不能让孩子一次面临的难题太多，否则，过度的挫折势必损伤孩子的自信心，打击他的积极性，继而产生严重的受挫感，失去了探索的信心。

此外，在孩子遇到困难而退缩时，要鼓励孩子。对陷入严重挫折情境的孩子，要及时进行疏导，不能对孩子的处境袖手旁观，必要时一定要出手相助，不能让孩子因为受到了挫折而又得不到应有的帮助产生失望、冷淡等不良心理反应。这样不仅无法体会成功，反而会让孩子失去信心和对他人的信任。

◎ 表扬孩子的进步，能达到强化孩子的行为、树立孩子自信心的目的。

只有不断得到鼓励的孩子，才能获得安全感和自信心，才能在困难面前淡化受挫意识。平时，我们要多鼓励孩子做自己力所能及的事，一旦孩子有所进步，就要立即予以表扬，这样能够达到强化行为，树立自信心的目的。也能够改变孩子的受挫意识，提高他们继续尝试的勇气和信心。

有的家长对孩子一味地打压，在不断提升挫折难度的同时却忽略了孩子的努力和阶段性胜利，一再对孩子提出过高要求，有悖孩子的年龄特点和兴趣，孩子必然会在强大的压力面前产生强烈的挫败感。而经常笼罩在挫败感中的孩子，不敢正视生活中的一点儿不如意或不顺心，心理的健康发展必将受到影响。所以，我们不能把打压和施压当成是挫折的必修课，而是要对孩子多鼓励，多肯定，更要多一点儿耐心。

6岁前的孩子，情感发展不是那么的完善，对情绪的控制能力还比较薄弱。随着年龄的增长，孩子的情绪的控制能力会慢慢增强。

第四章

情绪：
理解孩子的情绪控制力

4

19. 接纳孩子各种情绪的自然流露

　　"妈妈，快看看我衣服上的贴画，悠悠送给我的呢！"

　　"哦哦！"

　　"妈妈，悠悠把最漂亮的那张给我了呢！你看看！"

　　"嗯。"

　　"妈妈，你看看嘛！就我一个人有！"

　　"哎呀，烦不烦啊！看见了！看见了！"

　　很多父母不知道怎么和孩子沟通，抱怨"不知道孩子在想些什么"，自然无法和孩子亲近。这个孩子急于与妈妈分享快乐，而妈妈的那种反应一定会让孩子感到很难受，不能感受孩子的快乐和悲伤，甚至拒绝接纳孩子的各种情绪，没有办法走进孩子的世界的。

本章将向您介绍亲子沟通交流的最厉害的武器——接纳孩子的情绪。有了这个法宝，走进孩子的世界并不难。

◎ 父母要了解，孩子的情绪也是多样的。

孩子同成年人一样，有多种情绪，也会有几种情绪交替出现的情况。这些都是正常的、健康的。可我们往往会在不经意间漠视孩子的好情绪，急于扭转孩子的坏情绪。就像前面那位妈妈一样，孩子在和她分享快乐，她却无视孩子的满心欢喜，一直对孩子敷衍了事，漠视了孩子的好情绪的发泄；而有的父母一听到孩子哭闹，第一反应是想办法让孩子停止哭闹，急于制止孩子负面情绪的宣泄。这些都不利于获得孩子的信任，孩子会对这样的父母紧闭心扉。

◎ 孩子的情绪不光只是负面的。

孩子大胆地给幼儿园全班小朋友讲了一个故事，受到了老师的表扬，他回家之后欢呼雀跃、上蹿下跳，却不小心打坏了妈妈刚买的花瓶，这种"乐极生悲"的事件经常发生。

如果妈妈只看到了孩子打坏花瓶的"后半段"行为，而完全忽视，甚至抹杀了孩子的"前半段"的优良表现，一味地责怪孩子，那么，孩子一定会感到特别难过，获得褒奖的激动和兴奋瞬间就被后悔、委屈所淹没。

◎ 对孩子的各种情绪，父母要给予一定的关注、理解和尊重。

接纳孩子的各种情绪是无论孩子在兴奋、快乐或悲伤、孤独时，父母都能够给予一定的关注、理解和尊重。父母要了解"接纳孩子的情绪并不等于赞同孩子的情绪发泄方式"，但接纳孩子的情绪却是体谅孩子真实感受、了解孩子想法的唯一途径。这里有三种接纳孩子各种情绪的方法可以参考：

方法一：为了让孩子信任自己，可以用一些简短的话来换取孩子的平静心情。

如使用"是吗？""我明白了"等，表示接纳孩子正在表达的情绪。之后，可以以关心、理解的语气继续使孩子感受到自己正在"被关注"。如果一个孩子对父母哭诉："真讨厌！为什么别的同学会画心形，可我总是画不好！"善于接纳孩子情绪的父母会说："是吗？要不咱们一起多练习试试？"而不懂得接纳情绪的父母可能会说："别的同学有那个绘画细胞，画什么像什么。你不想画就不画呗！"

方法二：用和孩子相同的感受进行及时回应。

如果孩子高兴地说："妈妈，快看看我衣服上的贴画，悠悠送给我的呢！"妈妈可以说："真的嘞！我也很喜欢这幅贴画。你的好朋友悠悠对你真好，改天我们也送她一张漂亮的贴画，怎么样？"这样的回答不仅令孩子满意，还会让孩子沉浸在喜悦中，感受到分享的快乐。如果孩子流露出悲伤的情绪时，父母用表情表示担心，并且关切地说："宝贝，怎么了？遇到什么问题了？跟我说说好吗？"这样温暖的关爱不会使孩子感到孤单，父母也更能了解到孩子的真实想法。

方法三：以童心接纳孩子的情绪。

如果孩子不小心把颜料抹到衣服上了，觉得好像干了件坏事，正一脸惶恐地望着妈妈，妈妈说："要是能有魔法把衣服重新变回原样该多好啊！"孩子原本紧张的心情马上就消失了。

20. 耐心地面对孩子的"负面情绪"

在阅读这篇文章之前，请先测试一下你面对孩子的负面情绪会是什么反应。

如果你的孩子号啕大哭了，你会怎么说？

A："别哭了，爸爸给你糖吃还不行吗？"

"你再这样，以后爸爸都不会带你出去玩了！"

B："爱哭你就哭个够！一边儿哭去，哭够了再来找我。"

"回自己房间去，听你哭我就心烦。"

C："再哭我就打你了！"

"你自己做错了事还耍赖，真替你脸红！"

"哭哭啼啼像什么样，就你麻烦事儿多！"

D：抓紧时间对孩子进行教育，告诉孩子："你还小，就为这么多事伤心难过，以后长大了还有更多不顺心的事，有你哭的时候呢！爸爸妈妈像你这么大的时候已经会照顾自己了。以后别为这么点儿小事闹情绪好吗？想想爸爸妈妈平时是怎么跟你说的……"

如果你对孩子哭闹情绪的回应大多数时候如 A 中的内容，你属于"交换型"父母。会认为孩子的负面情绪一无是处，所以每当孩子出现哭闹情绪时，你就会希望孩子立刻停止哭闹并以孩子喜欢的东西作为"不再哭闹的条件"而忽视了对孩子的了解和安慰。

如果你的反应和 B 类似，属于"冷漠型"的父母，对于孩子的情绪不予干涉，漠不关心，既不否定也不安慰，让孩子自己想办法处理。学龄前孩子年龄尚小，没有父母积极的引导而完全靠自己的能力化解心中的愤怒、委屈、忧伤等负面情绪，容易出现两个问题，一个是变得更具侵略性，通过伤害别人来换取内心的平静；而另一个就是尽情地哭闹，不知道如何平复心情。而孩子这样延长哭闹时间的结果是令父母更为恼火，状况直接升级为 C 类。

作 C 类反应的父母属于"惩罚型"父母，对孩子表达的恐惧、愤怒、哀伤、委屈等各类情绪一律施以恐吓、责骂、训斥或惩罚，看到孩子抽抽噎噎竭尽全力地止住哭声，父母会以为这样才是坚强勇敢的孩子，这样的教育才不是宠溺，才不会惯出孩子的坏脾气。

D 类父母属于"说教型"父母，认为孩子是能听懂道理的，只要明白了道理，负面情绪就会消失。当孩子感到孤单无助，承受独自面对负面情绪带来的痛苦时，父母却在一旁喋喋不休地说教、训导，只会让他感到更难受。

这四种都是传统的处理孩子情绪的方式，是不接纳孩子情绪流露的表现。当然，这些方式都是不利于孩子情商培养和健康成长的。

平时生活中，我们要积极地关注孩子的情绪表达。主动关心孩子："今天怎么了？你看起来好像不太开心，遇到什么事了，能和妈妈说说吗？"或是把孩子带到自己身边，柔和地询问："宝贝，怎么哭了？什么事让你难过啊？"这样做可以拉近与孩子的心理距离，会让孩子感到父母尊重并且接受他的感受。"肯定"的意义就在于向孩子表达了："爸爸妈妈注意到你有这个情绪了，不过没关系，我接受你这个情绪，而且我很愿意帮助你。"

◎ 当孩子情绪不稳定时，我们要先处理孩子的情绪。

学龄前孩子在认知、语言表达等方面尚待发展，对情绪的认识不多，没有足够和适当的语言来描述自己的情绪，父母往往很难正确地理解他们内心的感受和想法，如果凭借大人的臆想妄加推断和猜测，很可能会让孩子长时间陷入更不好的情绪中。所以，要想办法帮助孩子捕捉内心的情绪，引导孩子正确表达，才能对事件下结论。

父母可以提供一些情绪方面的词汇，帮助孩子把恐惧、委屈等转换成一些可以被下定义、容易界定的情绪类型。比如"你觉得被人冤枉了，心里很不舒服是吗？"这样引导孩子表达情绪，也便于父母了解到底是什么事让孩子情绪这么激动。而且，孩子越能准确地用语言表达他们的感受，就越能提高处理情绪的能力，也就能容易了解和处理他们所面对的事情了。

当然，有时候难免会遇到孩子极端不配合，使劲哭闹令大人感到十分崩溃的时候。此时可以给他讲个他以前从来没有听过的故事、用别的东西吸引他的注意力，有时还可以没头没脑地发问："对了，上次我们看的故事里面是巴巴伯吃坏了肚子还是巴巴祖？妈妈记不清了呢？"这种打断惯性的做法有时候能收到很好的效果。或许孩子脸上还挂着泪花却又已经迫不及待地和你讨论那个倒霉蛋到底是谁了。

◎ 告诉孩子，有情绪可以，但打骂人、摔玩具却是不对的。

我们肯定了孩子的情绪，通过引导他描述真实感觉并了解了引起孩子负面情绪的整个事件之后，应当让孩子明白，"有情绪可以，但打骂人、摔玩具却是不对的。"

比如，你可以告诉孩子："你对妞妞抢走你的玩具很生气，妈妈明白你的感觉，但是你打她就是你不对了。你们两个是朋友，你打了她，她现在也想打你，以后也不想把她的玩具给你玩了，你们以后是不是就不能做朋友了？"要让孩子明白，他的感受并不是问题，问题的关键是不良的言行。要让孩子知道："你的所有感受我们都能无条件接受，但并非你的感受引发的所有行为都是对的。"

父母要会引导孩子自己处理问题。等孩子情绪稍微平和时，先问他想要什么，和孩子一起讨论解决问题的方法，尽量引导孩子自己想办法，协助孩子做出最好的选择。比如

"妞妞抢你东西，除了打她，你还有别的办法吗？""下次妞妞过来的时候，你可以先对她说点儿什么，她就不会再抢你玩具了？"

我们以愉快的态度参与孩子的"情绪问题"，不仅可以安抚孩子的情绪，更能让孩子在父母协助解决问题的过程中变得独立、自信，以后碰到类似情况就不会仅仅只是无助地哭闹了。

21. 孩子"晴转阴"父母要理解

我们经常会看到，上一分钟还乐得呵呵笑的孩子，下一分钟就变了脸，不知道什么事情惹得他不开心了。

小军和父母一起去野外郊游，他看到很多有趣的东西，比如风筝、烧烤，他玩得很开心。可是玩着玩着突然跑回妈妈身边，大叫着："妈妈！"之后就使劲用头顶妈妈的肚子。妈妈开心地问："小军，什么事情这么开心啊？"可是小军不说话，小脸竟然晴转阴，刚才分明兴奋得红扑扑的脸蛋现在却拉长了，小军转身走开，背对着妈妈蹲在地上用力地拔小草。

我很开心，可是我不知道怎么说出来，妈妈老问我，还非得知道我为什么开心，我说不出来觉得很难受。

孩子的右脑非常活跃，感觉非常敏锐，不管是对事物的还是对情感的感受能力，他们会用表情、行动、语言等方式直接地表达出来。但对于学龄前孩子，特别是 4 岁以下的孩子，他们敏锐的感知能力往往与滞后的语言表达能力发生不可调和的矛盾，不能明确地描述自己的感觉，无法用准确的词汇表达自己的真实感受。

而大人心智成熟，对情感和语言的运用灵活自如，且因为社会性的缘故，往往还会不自觉地给所有的事物都加上一个原因，比如"为什么高兴""什么使你哭"等。好像只有知道了一件事情的原因之后，才能够判断这件事情是否值得高兴，是否值得哭泣；如果没有原因的话，这种感觉就是奇怪的，是不被接受的。

对于孩子来说，非要让他对自己的感觉做个解释，这样的要求实在太难。而且父母的追问无异是在告诉他：你的感受并不重要，重要的是什么引起了你的感受。这会使孩子认为他的所有感受传递不了任何信息，这样的感受不被接纳。这样的误导会让孩子尝试让自己去重视那些实际的信息，而认知与感受之间的种种矛盾，则会压抑孩子的性格健康发展。

◎ 父母要多培养孩子的语言感知能力，鼓励孩子善于表达自己的感受。

父母平时多和孩子进行语言交流，尤其是一些能够表达感情的语句，还可以给孩子听一些抒情的诗歌、散文或音乐。表达感情的语句不是简单地教孩子"开心就是高兴，就是得了妈妈表扬之后心里想笑的感觉"，而是要孩子对情绪表达词句有真切的体会。有的孩子习惯于用"十分"来表达一件事情的重要程度，常说"灯十分明亮""书十分好看"，而不知道用"非常""很""特别"等近义的词汇来表达，这就说明孩子平时缺乏词汇积累，不能灵活运用词语。所以，父母可以多培养孩子的语言感知能力，让孩子多听、多说，逐渐使孩子能够用准确的语言表达自己真实的感受。

如果低幼的孩子无法使用太多的词汇，要是他喜欢用画笔涂涂抹抹，父母可以创造条件多让孩子涂鸦。不要担心他把家里搞得乱七八糟，给他系上围裙、戴上套袖，让他随意发挥，以艺术形式表达、宣泄他心中的情感。

◎ 孩子会随时随地想要表达情感，他希望父母也能够体会到他的心情。

对于孩子措手不及的"晴转阴"，我们要理解并且及时回

应。有时孩子可能就是想开心地呼唤一下妈妈，用他的方式
来跟妈妈表示亲昵。妈妈此时不妨应和孩子，和孩子一起玩。
妈妈可以在和孩子玩的过程中说说自己的感觉，比如"妈妈
好开心啊！你也很开心是吗？就是想和妈妈抱一抱是吗？"
渐渐地，妈妈会发现自己与孩子之间可能会多一种这样关心
的语言，既让孩子明白父母能够体会到自己的心情，也有和
自己相同的感受。也能使孩子觉得自己的感受得到了父母的
肯定，虽然没有用言语表达，但父母响应了自己的行动已经
说明了一切。

现代的父母都很忙碌，无论是在单位还是在家庭，凡事
都力求高效，换纸尿裤就是换纸尿裤，洗手就是洗手，在这
些时间里就该专心地做这些事情，而和孩子亲昵的时间是晚
饭后或者周末专门拨出的时间段中进行的。孩子在"非亲昵
时间段"里，比如，在洗手的时候看到手上蹦出了肥皂泡，
很开心地举高让父母看时，父母却说："玩什么玩？快点洗手
啊！浪费水！赶紧洗完！"

父母的理性看上去非常有条理，但遗憾的是这不是工作
安排，而是跟孩子相处。孩子会随时随地想要表达情感，同
时也需要体会情感，他是绝对不可能跟着父母的计划表来行
事的。他们可做不到该释放的时候释放，不该释放的时候就
立刻收敛。如果父母始终按照自己的想法来规划生活，久而

久之，孩子就会主动放弃和父母进行感情交流。

22. 让孩子"合理"地发脾气

对学龄前孩子来说，特别是 2—4 岁处于第一叛逆期的孩子而言，发脾气是一种十分常见的现象。因为在这个年龄段中，孩子的大脑思维和肢体的协调性、灵活性提高，而语言表达能力却跟不上，当孩子无法用准确的语言表达脑海中的想法时，他们常常用发脾气来表现自己的独立愿望和反抗意识。随着年龄的增长，在孩子 5 岁之后，词汇量增多、语言逻辑能力提高，他们能够逐渐较熟练地用语言表达自己的思想，发脾气的次数就会慢慢减少。可以说，学龄前孩子发脾气，主要是词不达意的挫败感令他们觉得烦躁、焦虑，从而导致了他们会以哭闹、踢打、摔东西为主要方式来表达情感。

发脾气是一种正常的情感宣泄，是一种感到愤怒或是遭遇挫折时常见的不成熟的反应。但是，孩子爱发脾气如果不及时纠正，将影响他对环境适应的能力，使孩子难以应付挫折并影响他健全人格的形成。

如果孩子长时间把发脾气作为解决问题的唯一手段，我们就要及时加以疏导；而如果孩子的脾气火暴，经常踢人，打人或者伴有呕吐、遗尿和屏气发作，这就是病态表现，我们应当提高警惕。

◎ 孩子爱发脾气，父母就要反思自己的教育方法。

现在，由于父母的溺爱，孩子的脾气越来越大，稍有不满就会大哭小闹，不禁让父母们为难。

美美早上要妈妈给自己编两条辫子，可妈妈扎的头发总是不能让美美满意。美美觉得不好看，就一把将头绳扯掉，让妈妈重新编。妈妈赶着上班，一边看时间，一边快速地动手。这让美美觉得很不舒服，认为妈妈没有认真给自己扎头发。

妈妈跟美美说要迟到了，我们得赶快。可美美一点儿时间观念都没有，还一再要求妈妈重编。妈妈一忍再忍，默不作声地把刚扎好的头发第三遍折开。

美美见妈妈不吭声，她便更生气了，抢过妈妈手里的梳子就扔到地板上，还蛮不讲理地哇哇大哭起来。妈妈只好哄着美美，捡起梳子继续按照美美的意愿扎头发，直到美美满意为止。

美美的妈妈对孩子过于溺爱，对发脾气的孩子表现出屈从，美美正是抓住了妈妈这一弱点，把发脾气作为控制妈妈的一种手段。美美在无形之中养成的不良习惯令人担忧。生活中，我们也常常会看到像美美这样的小孩子，稍有不顺心的事情就大哭大叫，不仅摔东西，还会索性往地上一躺，任父母或哄劝或威吓，都"我自岿然不动"，一副不达目的不起来的架势。遇到这种情形，父母就心烦意乱，不知所措。为了尽快平息孩子的怒气，父母就赶紧不惜牺牲原则来满足孩子的要求。久而久之，孩子得到这样的暗示：原来爸爸妈妈怕我发脾气啊，只要我一发脾气他们就得听我的。渐渐地，孩子自然会把发脾气作为逼迫家长就范的有力武器。如此下去，孩子的脾气只能越来越坏。

而有的父母虽然不溺爱孩子，但对孩子的要求过于严格又不讲究教育方法，使孩子的性格长期受到压抑，逐渐形成了强烈的反抗情绪和逆反心理。孩子的脾气变得十分暴躁，稍有不顺就会大发脾气。

有的父母自身就是性格火暴的人，常为了一点儿小事就拍桌子吵架。孩子与爱发脾气的父母一起生活必定会被同化，家长的言行潜移默化地影响了孩子的言行。

所以，要想孩子能够合理地发脾气，能够正确地宣泄情绪，父母就必须反思自己的教育方法，改变孩子之前先改变自己。

◎ 了解孩子的心理、生理需要，减少孩子发脾气的机会。

学龄前阶段的孩子，独立自主的意识逐渐加强，尤其是 4 岁以后的孩子，由于体力与智力已经得到了长足的发展，迫切需要得到外界的认可。而有些家长怕这怕那，给孩子提出了过多的规定和要求，过度限制了孩子行为，环境中过多的约束会造成孩子情绪上的对抗，容易引起孩子的不满，使孩子动辄就以发脾气来示威。家长要了解孩子的心理发展需求，不要过多地对孩子进行限制，让孩子发挥自己的独立意识，可以有效避免孩子乱发脾气。

此外，还要注意满足孩子的生理需要。当孩子感到困倦或是饥饿的时候，他们也很容易发脾气。有的孩子睡眠质量不高，如果父母在他没有睡足、头脑还不清醒时叫醒或打搅他，孩子就会发脾气。我们除了要保证孩子有充足的睡眠时间之外还要多花一些时间和爱发脾气的孩子一起，了解他们的喜好，理解他们发脾气的动机，在孩子遇到困难时及时给予帮助，这样有助于减少孩子发脾气的机会。

◎ 如何面对正在发脾气的孩子。

如果孩子正在大发脾气，我们可以尝试引导孩子调节情绪。比如，给孩子一个大大的拥抱，并且对他温柔地说一些能缓和情绪的话，如"没事了，冷静下来。"父母此时千万不能因为孩子哭闹发脾气而使自己的情绪受到干扰，要有足够的定力让自己不要烦躁，要耐心等待孩子的情绪平复。在孩子的情绪逐渐平稳之后，拍拍孩子的背或是给他一杯水来转移注意力，慢慢教导孩子在感到生气时要如何处理自己的情绪。

只要你觉得孩子发脾气的程度不会对孩子本身或是周围的东西造成危险，不妨对孩子说："我先出去了，当你情绪平复下来时再出来找我吧！"或者不去注意正在发脾气的孩子，只当他不在眼前，继续做自己的事。这种淡化和漠视，会在一定程度上让孩子觉得发脾气没意思，达不到目的，久而久之他也就会自觉放弃这种无用的手段了。

我们可以鼓励孩子进行一些活动来发泄怒气。有的妈妈用家里的沙发靠垫来作为孩子的"受气包"，让孩子在感到生气、愤怒的时候捶打这个柔软的"受气包"，既让孩子发泄了情绪，又不会使孩子受到伤害。而如果孩子有摔砸物品的行为，就要及时把那些易碎、易损坏的东西移开，避免对孩子造成伤害。与此同时，还要密切关注孩子的言行，防止孩子完全失去自我控制而发生自残行为。

23. 让孩子知错认错

对于孩子所犯的种种错误，有的父母会"不管三七二十一"，劈头盖脸地对孩子发一通脾气，甚至还会动手教训孩子，认为孩子在哇哇大哭和求饶声中会"长点儿记性"。还有的父母会赶紧哄孩子，"没关系，我知道你是不小心的，下次别这样了"。父母以为这样能呵护孩子幼小娇弱的心灵，一心想着"等孩子大了就能懂事了"。而更多的父母会批评孩子，然后安慰孩子说："知错能改还是好孩子！"可结果常常是孩子刚刚虔诚地道了歉，转头又犯了相同的错误。为什么孩子总是不长记性，总是犯相同或类似的错误，"这个问题我都说了 800 遍了，怎么还会错？"为什么孩子明明知道自己犯了错误，却拒不认错，不断挑战父母的底线和权威，让大人气愤不已。有的父母很困惑：我的孩子一直是很乖很讲道理的，为什么突然之间变得这么倔强、这么难以沟通呢？明明犯了错误，不仅拒不认错，态度还相当恶劣，为什么呢？

妈妈正坐在沙发上看书，活泼可爱的儿子在地板上玩小汽车。不知道为什么，孩子突发奇想，把小汽车往远处一扔，伴随着"啪嗒"一声，小汽车飞出去撞到冰箱掉了下来。

妈妈朝儿子看了一眼，儿子也正怯生生地望着妈妈，妈妈见孩子有些害怕，于是耐心地说："你看，你这么扔玩具，不仅车会被摔坏，还会把冰箱砸坏的。不要再扔了。"妈妈说完又埋头继续看书了。

妈妈以为自己点到为止的话能够对儿子起到一定的威慑作用，可孩子收敛了一小会儿又开始扔汽车，并且还不小心砸到了妈妈的额头上。妈妈本能地抱着头叫了一声，站起身来激动地对儿子怒吼："你干吗呀！叫你别扔了，你一点儿都没听进去！你砸到我了不知道吗？赶快给我道歉！"

听到妈妈的气急败坏的声音，儿子原本胆怯的目光变得坚定了，他看着自己的脚尖、噘着嘴极不情愿地说了一句："对不起。"妈妈从儿子的道歉中听不出丝毫的诚意或歉意，再次要求儿子大声道歉："你这是叫道歉吗？一点儿诚意都没有，重新说！""对不起！"儿子不仅没有改变反而用更加强烈且急促的声音大声地喊着。妈妈更生气了，不愿意搭理自己的"倔"儿子，儿子也不想和妈妈说话了。

有一次，儿子在床上疯玩，不小心踩了妈妈的脚，妈妈因为疼赶紧捂住了脚背。本想像以前那样大声呵斥孩子，可妈妈忍住了，只是自己揉了揉被儿子踩疼的脚。可这一次，儿子慢慢靠近妈妈说："妈妈，对不起，我不是故意的。"妈妈见儿子主动道歉了，忙说："没关系。"儿子见妈妈依然捂着脚，赶紧捧起妈妈的脚说："妈妈，我帮你吹吹吧！吹吹就不疼了！"说完果真吹了起来，还不时抬头问妈妈："还疼吗？"看到妈妈笑眯眯地回答自己不疼了，儿子一脸内疚地低着头说："妈妈，对不起，我以后不在床上乱蹦了。"妈妈趁机对儿子说："是啊，在床上乱蹦的话你自己也很容易摔下来受伤的。你受伤了，妈妈也会很伤心、很心疼的。""嗯！"儿子认真地点点头，穿好鞋子到客厅玩了。

父母对孩子进行教育，很多时候都要以孩子的眼光看待事情，还要将心比心地考虑孩子的感受和情绪。犯了错误要道歉，这是必须的，可谁又愿意在强迫的状态下道歉呢？孩子做错了事情，心里已经产生了内疚感，可如果遭遇的是父母不问青红皂白的严厉批评，谁还愿意诚恳地道歉呢？

我们常常抱怨孩子越大越倔强，明明错了还和大人对着干，其实我们应该仔细想想，自己是否给过孩子知错的机会？孩子对刚刚犯下的错误还不知所措，而我们就对他劈头盖脸地一阵怒吼，根本没有给孩子自己反思错误的机会，反而在第一时间把孩子的所有内疚、自责、委屈、无辜全盘否定了。等我们怒吼完了、撒了气了，再让孩子反思，孩子心底仅存的那丝内疚情绪却早就已经被我们的怒吼彻底抹掉了，剩下的只是反抗情绪，孩子迫于父母的威严和压力违心说的道歉话语能是真诚的吗？这样能对孩子起到教育意义吗？孩子能就此记住不再犯错吗？

孩子没有自我反思，他的心里不知道自己犯了什么错，所有的心思都在"我犯了一点儿小错妈妈就对我吼"，他脑海中记得的仅仅有妈妈严肃的表情和严厉的话语。孩子心里没有知错，怎么可能认错，也就更不可能改正了。"知错"是个过程，而"认错"却是结果，我们往往只关注"认错"这个结果，以为听到了孩子说"我错了"这事就完结了，这种方式是没有任何教育意义的。如果孩子对"知错"这个过程认识不足，不明白自己错在哪里，怎么可能会有主动认错的结果呢？

知错了才能认错，才会心甘情愿地改正。既然"知错"这个过程如此重要，那么要怎么做才能让孩子真正认识到自己的错误，并真心实意地"认错"呢？

◎ 父母不小心做错事也要及时认错，表示歉意。

如果父母不小心踩到孩子的脚，孩子要求父母道歉，而父母则漫不经心地说："我又没有踩疼你。"或者开玩笑说："你怎么不向我道歉？我的脚还被你硌着了呢！"父母不仅不向孩子道歉，不知错也不认错，还摆出一脸无辜的样子，这会给孩子树立不好的榜样。

有的父母在给孩子穿衣服、洗澡的时候会不小心弄疼甚至弄伤孩子，当孩子因为疼痛而哭闹的时候，父母不仅不向孩子道歉，反而还抱怨："你还好意思哭？都怪你自己！我给你脱裤子你就要好好配合嘛！谁叫你自己不站稳就摔了呢！""你就喜欢疯玩，头发那么脏我就只好多用洗发水了，叫你闭上眼睛你不听，这下活该受罪了吧！"可想而知，身体上已经感到疼痛难受的孩子，心里更是伤心难过。

◎ 让孩子经过自我反思的过程之后心甘情愿地主动认错。

当孩子犯错的时候，我们要保持冷静，不能"一点就着"，马上就被孩子的错误行为激怒；更不能怒斥孩子的错误行为，急于批评指责，而是要心平气和地说出自己的感受，或对孩子所做事情的看法。让孩子在我们尽可能客观的描述中认识到自己所犯错误对他人造成的影响，让孩子经过自我反思的过程之后心甘情愿地主动认错。

◎ 在孩子知错却不认错时不妨给他一个"台阶"下。

我们要反思父母或家人的行为，是不是大人也有犯了错误却不肯认错的情况，给孩子做了不好的榜样。此外，还要了解孩子知错却不认错的原因。

　　不少孩子明明心里知道自己的确做错了，可嘴上就是拒不认错，父母越是批评，孩子反而越坚持。孩子的这种敌对情绪其实很正常，因为认错会让孩子觉得"没面子"。所以，我们不妨试着给孩子一个台阶下，适当维护他的面子，并且尝试用孩子喜欢的人物或英雄故事来教育他，再伟大、再强悍的英雄也曾犯过错误，但他知错能改，大家还是依然崇拜他的。要让孩子明白，认错并不是一件丢脸的事情，相反，知错认错还是一种可贵的品德。如果知错认错了，还能找到有效的办法改正错误，那就是很英雄的行为了。如果我们能用树立榜样的方法让知错认错变得平常而伟大，相信孩子肯定也会积极模仿，逐渐成为一个愿意承认错误的好孩子。

　　◎ 鼓励孩子勇于承担错误的后果。

　　孩子知错不愿认错，很多时候是不敢承担自己所犯错误的后果。有时候孩子因为年幼，缺乏判断力，不知道他的错误会给别人带来多少伤害；而有时候，孩子很害怕自己承认了错误，父母知道是自己干的坏事之后就不再爱自己了。不管出于什么原因，父母都有必要把孩子所犯错误的后果告诉他，并且鼓励孩子自己想办法弥补过错。

　　　　婷婷和表妹玩的时候，不小心把表妹推倒在地，摔了个四脚朝天。妈妈循声赶来一边安抚号啕大哭的表妹，一边询问婷婷出了什么事。

婷婷说："我也不知道。"

妈妈问："是你把表妹推倒的？"

婷婷不搭理妈妈，低头噘着嘴说："谁让她自己不站稳呢！"

妈妈知道，婷婷没有急于否认，那就是默认了是自己推倒了表妹。

妈妈想了想，决定顺着婷婷的话往下说："如果今天没站稳而摔倒的那个人是你，你是什么感觉呢？"

"我才不会站不稳呢！"婷婷嘟囔着。可当她抬头看到泪眼婆娑的表妹，也感到不好意思："要是我摔倒了，会觉得疼。"

妈妈笑了起来："是啊，表妹也觉得很疼呢！你来摸摸，好像她的后脑勺起了一个包。"

婷婷一边紧张地伸手摸表妹的头，一边焦急地对妈妈说："妈妈，我不是故意推她的。"

妈妈知道婷婷已经明白自己的错误了，于是对她说："嗯，妈妈知道。这样吧，我们去冰箱拿个鸡蛋，在表妹的后脑勺上滚动一下，或许能起到一点儿作用呢！"

　　"真的吗？"婷婷立刻两眼放光，赶紧抱表妹坐好，跑去拿鸡蛋去了。

　　婷婷能够体会到被推倒在地的疼痛，已经感知到因为自己的不小心，对表妹造成了伤害，所以她收敛了自己不认错的推卸责任的行为，赶紧按照妈妈说的方法想办法补救。我们可以通过让孩子将心比心地进行换位思考，孩子就会逐渐明白自己的错误带来的后果，真正认识到"自己再也不能犯这样的错误了"。

　　孩子正是在错误中不断摸索、不断成长起来的。我们有责任让孩子知错、认错，并发自内心地改正错误，并且把这种可贵的品质深深植入孩子的心灵，这才达到了让孩子认错的目的。

24. 有效制止孩子的攻击行为

　　攻击是一种天性，如果孩子没有在合适的阶段得到满足，会对他的未来造成影响。孩子的攻击行为有时候是主动的，而有时候是被动的。

　　孩子对别的同伴发动主动攻击的原因往往是以成功为目

的的，达到目的或者取得战利品会让他满足；而被动防守的
攻击主要是孩子有目的的行为受到了阻止，就会启动他的攻
击系统。对于小宝宝来说，被动防御型的攻击行为就表现为
哭闹和反抗。对于大孩子来说，他就会尝试伸手打人了。而
孩子们的领土观也是与生俱来的，孩子所捍卫的第一块领土
就是自己的身体。不管是喂饭还是换纸尿裤，如果父母的方
式方法让孩子感到不舒服，就会引起孩子的攻击性，孩子会
以推开、哭闹、反抗等不配合的方式表达他的不满。

　　攻击性还表现在孩子玩玩具的时候，如果孩子玩得正高
兴的时候，突然受到了干扰，比如，别人来推倒了积木，或
是孩子自己没有布置好积木底部而发生坍塌。不管是其他人
的原因，还是自己的技术原因，都会启动他的攻击系统，因
为他的活动欲望受到了阻止，孩子就会生气、哭闹。大人往
往还纳闷："明明是他自己弄倒的，怎么还哭上了啊？"

　　其实这种感觉大人也十分熟悉，当我们遭遇堵车的时候
就会有这种体会。有人说司机通常脾气都不太好，这是因为
司机基本上一直处于行进当中，并且有相当明确的目的地。
然而，当他的行动经常遭受来自外界的阻挠时，比如，别人
超车、塞车、走错路、爆胎、车坏了，等等，司机的行动受
阻，他就会启动攻击系统，变得容易发火，具体表现就是在
堵车时猛按或拍打方向盘，或者出现攻击性语言。所以，孩

子会在遭遇类似的情境时容易情绪激动也就不难理解了。

> 昆昆3岁半，已经上了一段时间的幼儿园。最近老师总是跟妈妈反映昆昆喜欢动手打人，他玩的时候不让别人参与，即使他放在一边不玩的玩具，也不让别的小朋友玩。如果别的小朋友来玩，他伸手就抢，接着就推人、打人。几乎同班的每个小朋友都被他这样打过。等到他想要别人的玩具的时候，也是抬手就抢，或者把小朋友推倒，拿起玩具就跑。老师说他倒也不是故意调皮捣蛋，但就是喜欢用攻击的手段来获得玩具。

攻击性行为是儿童社会性发展的一项重要内容，心理学对攻击性行为的定义是对他人身体或心理的有意伤害的行为。这种有意伤害行为包括直接的身体伤害、语言伤害和间接的心理上的伤害，比如打人、骂人、嘲笑、背后说坏话、造谣诬蔑，等等。在学龄前阶段，孩子在一起玩耍时无意的推拉动作并不是攻击性行为，而打人、骂人、推人、踢人、抢别人的东西等行为表现则被认为是攻击性行为。这些行为在不同年龄阶段的孩子身上都会有或多或少的表现，而比较频繁出现这些行为的孩子就会被认为是有攻击性行为的孩子。

虽然攻击性在一定程度上体现了孩子社会性发展的特点，彰显了一种个人与生俱来的天性，是孩子试图保卫自己的意愿、目标以及领土的表现，但孩子的攻击性行为往往会对其他孩子造成一定伤害，这就令人感到担忧。我们要了解的是，孩子的攻击性行为并不像洪水猛兽那样可怕，作为父母应当理解孩子，及时制止孩子的这种行为，通过孩子的攻击性行为看到孩子的需求，积极引导孩子以更为健康、平和的态度和方式发泄情绪，更和谐地和同伴进行交往。

◎ 不能随意体罚孩子，能够帮助孩子减少一些攻击倾向。

如果父母以暴力对待孩子，经常随意体罚孩子，模仿力强的孩子就会以此作为学习的模范。

当孩子出现攻击性行为或者仅仅是不小心犯错时，父母通常会感到生气，而有的父母会使用暴力的手段来加以制止。这样做会给孩子造成一种错误的认知：如果别人做得不对，就可以打他。经常受到体罚的孩子，自尊心受到伤害，会有比较强的挫败感，甚至会去别的同龄人身上"找平衡"。而父母"以暴制暴"的做法只会加深孩子的错误认识，使孩子的不良行为变得越来越严重。所以，在家庭中，父母要减少对孩子的体罚，家庭各成员也要减少或避免暴力行为。也就是说，在家庭中减少体罚、暴力行为的"示范"作用，能够帮助孩子减少一些攻击倾向。

◎ 父母要在日常生活中培养孩子的同情心和爱心。

有同情心和爱心的孩子往往攻击行为较少，父母在日常生活中要多注意培养孩子礼貌、谦让、同情心和爱心。在家里，父母也不要在孩子面前"永远坚强"，不要一味扮演"永远不会受伤的人"的角色，如果妈妈不小心磕到膝盖了，可以采取一些巧妙的方法让孩子来关心自己。而且，爸爸妈妈之间的互相关心也可以为孩子提供一个良好的榜样，温馨、安全的家庭氛围才能够有效地减弱孩子的攻击倾向。

◎ 给孩子一个自由的同龄人空间。

父母都希望孩子与别的小朋友友好相处，和平地交换玩具，一起做游戏，这个愿望是美好的，却绝对是一种乌托邦的想法。因为在交换玩具的游戏中，孩子们往往更愿意长期占有别人的玩具，而急于把自己的东西马上收回。对于另一个孩子来说，自己的行为目的被打断了，于是就会产生挫败感甚至是攻击性行为，可能会出现扔玩具、哭闹或者打人的行为。

很多时候，父母就直接介入其中，要么武断地阻止孩子与同伴继续玩耍；要么就是要求拿玩具的孩子借玩具给另一个小朋友玩；要么就是以训斥、用糖果哄或者承诺也买一个这样的玩具来息事宁人。

其实，孩子交往过程中遇到的问题对他来说都是一个成长的机会，他们会在种种的问题和挫折中学会与其他人相处的方法。家长干预得越多，孩子在人际关系上体现出的问题也就会越多，因为他们正常的学习机会被剥夺了。

◎ 教孩子做一个友好、礼貌的孩子。

孩子之间的交往就像原始部落间的交往一样，直接而单纯。孩子要学会友好、礼貌的交往方式，也得知道自己要捍卫什么。心理学家建议，让孩子学会手心向上来向别人要玩具，效果会更好。教会孩子用一些别人能接受的方法来代替攻击行为，这样他很快就会在社交经验中尝到甜头。比如，让孩子向别人借玩具的时候，学会手心向上，而不是动手就抢；学会"先开口，后伸手"，先礼貌地询问对方，得到对方同意后再拿玩具；明白一些游戏规则，如"轮流玩""交换玩"等，这样，孩子和其他小朋友的关系缓和了，就不容易引发攻击性行为了。

◎ 给孩子提供接触不同环境、不同人的机会。

给孩子提供接触不同环境、不同人的机会，可以有效提高孩子适应外界环境的能力，增强孩子的协调性和交往能力，有利于孩子较好地融入周围环境中。通过孩子在不同环境中与不同人接触所得到的亲身经验和感受来判断自己为人处世的方式方法，找到最双赢的交往原则，并且灵活运用到与同伴、朋友的相处中，也能有效避免孩子的攻击行为，因为他会发现，很多时候，礼貌的方式和为他人着想的方式比直接动手抢、动手打要好得多。

随着年龄增长，孩子的性格也逐渐形成和完善，但可塑性也越来越小。因此，在0—6岁阶段，父母要多关注孩子性格的培养。

第五章

性格：让孩子从小受欢迎

25. 自私小气不是孩子的通病

不少人认为，孩子都很自私小气，而且是与生俱来的。其实孩子一开始对"所有权"并没有强烈的区分意识，而是在与外界的接触中逐渐形成的。现在的孩子被祖辈父辈呵护备至，家里的一切都围绕着孩子进行，孩子只知道享受、索取，不知道付出和感激，长期的迁就宠惯助长了孩子的独占欲，强化了他们的自我中心意识，就会变得自私小气了。自私的孩子是谁一手造就的？说到底就是父母自己长期过分溺爱、骄纵的结果。

　　　　小宇最爱吃蒸蛋，几乎每天早上都要妈妈给他做。有一次，蛋蒸熟之后，妈妈往表面洒香油的时候不小心放多了，就用小勺舀了那部分自己吃了。

小宇高高兴兴地做好了吃早饭的准备，可当他看到那碗缺了一小块的蒸蛋之后，立刻歇斯底里地大哭起来，一边哭号着一边嚷嚷："坏妈妈！谁让你吃我的蒸蛋？坏妈妈！给我吐出来！"妈妈怔在那儿，难过得直抹眼泪。

现实生活中，自私小气的孩子并不少见。这虽然不是什么大毛病，但一个独占意识很强、不愿与他人分享的孩子很难融入幼儿园等集体环境中，也很难与别人建立良好的人际关系。所以，父母要重视孩子的自私倾向，帮助孩子克服自私的不良品行。

◎ 取消孩子在家中"特殊"地位。

祖辈们更是对孩子众星捧月般呵护。家人们出于对孩子的爱，把各种好吃的好玩的都让给孩子，即使孩子偶尔想让爸爸妈妈分享，父母也会在感动之余对孩子说："谢谢！我们不吃，你自己吃吧！"经常这样回应孩子的分享行为，会不断强化他的独享意识，他们认为把好吃好玩的据为己有是理所当然的。所以，在日常家庭生活中，父母要教育孩子既要看到自己，也要想到别人，自己有愿望，别人一样有愿望，不能只顾自己不顾别人。尽量不要给孩子特殊的待遇，对孩子的合理要求要予以满足，对于无理的需求要坚决否定，决不让步。如果总是妥协，孩子就知道自己总是有机可乘。在家庭中形成一定的公平环境能让孩子明白自己在家庭中与其他成员是平等的，从而逐渐消除他"以自我为中心"的意识。

◎ 帮助孩子认识到自私的害处。

孩子年龄小，常常只顾眼前利益，并且以眼前利益来对是非进行主观判断。他们不明白自私的害处，反而为自己因自私而占到小便宜而感到得意。所以，父母要帮助孩子从小就认识到自私的危害，可以列举一些因为从小自私长大后犯错误的人的事例，或者以小动物为角色自编一些相关的童话故事，以此来引导孩子改掉自私的毛病，逐步养成大方、关心他人的好习惯。

◎ 让孩子明白分享并不是失去。

孩子之所以不愿意与人分享，很大程度上是因为他觉得分享就是失去。他们常常舍不得把自己的玩具给人玩，还想要别人的玩具。父母首先要理解孩子存在的这种难以割舍心爱之物的"痛苦"和"不舍"，一定不要强硬地拽过孩子的玩具以示惩罚。要让孩子明白，分享其实不是失去，而是一种互利。"你看，你把玩具借给兜兜了，一会儿兜兜回家之前会还给你的。而且你把你的弹球借给了他，他会给你玩他的那个恐龙，这样你不是就玩过了弹球和恐龙这两种玩具了吗？"让孩子明白自己如果与别人分享了，别人也会回报自己，而且分享体现了自己对别人的关心和帮助，而自己也会获得别人的关心和帮助。不仅大家更开心，自己还会玩到更多的玩具。岂不是一举两得？

◎ 引导孩子站在对方的角度思考问题。

自私的父母只能造就自私的孩子，父母的言行举止是孩子最基本、最直接的榜样，如果父母对他人的悲惨遭遇熟视无睹、对需要得到帮助的左邻右舍冷眼旁观，在这种父母教育下成长起来的孩子也必定是自私自利的人。所以，爸爸妈妈自己要做好孩子的榜样，以自己宽厚待人的实际行动感染孩子，如孝敬长辈、新年时制作贺卡送给朋友等，都能给孩子提供积极的、正面的信息。

为了让孩子更直观深刻地感受到自私带来的不良后果，可以给孩子讲一些分享方面的故事，引导孩子站在对方的角度思考问题。比如，孩子刚得到了零食而家里来了小客人，他千方百计想把零食藏起来或是狼吞虎咽地马上吃掉，父母就要帮他分析："如果我们去别人家，别人也这么对待我们，我们是不是特别难过呢？"让孩子切身体会到别人的自私会让自己很难过，而自己的自私同样也会让别人感到难受。

无论如何我们要了解，学龄前孩子的这种自私小气是心理发展局限性的表现，但这并不同于一般意义上的"自私自利"。如果孩子有类似情况，家长也要及早认识到问题产生的不良影响，要有意识地引导孩子认识到：除了自己以外，别人也有要求，帮助孩子养成为他人着想、帮助别人的习惯。

26. "爱告状"的背后有深意

> 玲玲4岁半，最近学会告状了，不管多大的事儿，都会跑到妈妈跟前说："妈妈，表姐不借我小兔子玩！""妈妈，阳阳今天又把饭菜弄撒了！"老师说她在幼儿园也一样，总是告状。妈妈听了心里很不是滋味，孩子难道有什么心理阴影？这么爱告状，还会有小朋友愿意和她做朋友吗？

孩子告状往往是出于几个方面的原因：

第一，想让大人帮忙解决问题。虽然学龄前孩子在许多事情上开始逐步独立，但是依赖心理还比较严重，内心独立性的建构还需要经历很长的一段时间。由于他们独立解决问题的能力有限，所以，当他们遇到一些困难或问题的时候，就会想找大人帮忙解决。比如，玲玲向妈妈告状"表姐不借给我小兔子玩"，潜台词是"表姐比我大，我抢不过她，希望妈妈这个大人能够出面帮我抢到小兔子"。

有时，孩子寻求大人帮助，还不一定是要解决具体的问题，更多的时候是寻求一种心理安慰。在和同伴闹矛盾的过程中，他受到了委屈，情绪被压抑，就想找大人告状来宣泄自己的情绪，希望得到父母的安慰。

第二，是在表现自己，想赢得大人的认可和赞许。孩子喜欢表现是很正常的，孩子想向大人表现自己的行为、自己的判断，从而得到大人的认可和赞许。从这个角度来说，告状也说明孩子已经有了一定辨别是非的能力。孩子通常告状时会告诉大人，谁做错什么事情了，而自己却没有那样做。比如孩子告状："阳阳又把饭菜弄撒了！"潜台词就是"我很棒，我就没撒。赶紧夸我吧！"孩子是在向大人表现自己对这件事情的理解，以及对自己行为的标榜。

第三，逃避惩罚和批评。有时候孩子也会"恶人先告状"，比如孩子之间动手打架了，孩子怕被大人责骂，于是就先告状"是他先动手的"、"是他先抢我的玩具的"等。这种情况，大人具体了解了之后就会明白事情的真相。

第四，因为嫉妒而告状。孩子会因为嫉妒而告状，因为他们希望通过这种贬低别人的方式来抬高自己。如果妈妈说：

"阳阳吃饭从不挑食。"孩子为了证明自己也很棒而赶紧说："他经常会掉饭菜。"这是孩子没有得到认可而产生嫉妒的一种争宠方式。

正是因为孩子告状的原因各不相同，我们在处理孩子这类问题的时候要分清孩子告状背后的真正原因。了解孩子爱告状背后的深意，才能对症下药解开孩子的心结。

◎ 认真倾听，帮助孩子寻求正确的解决办法。

如果孩子告状是因为上面的第一种原因，那么孩子通常是受到委屈了，希望大人能出面帮忙解决问题，或者需要大人的安抚。父母先要认真倾听孩子的描述，从孩子的角度去尊重和理解他，给孩子以安慰。如果父母随便敷衍，会让孩子觉得自己没有受到应有的关注，会感到更加委屈。

当孩子在情绪稳定之后，再引导孩子考虑应该如何解决问题，和孩子共同寻求解决问题的办法，而不是每次都是大人直接出手相助。如果父母总是在孩子向自己告状之后，第一时间就为孩子处理了问题，以后孩子就总会以各种方式寻求大人的帮助，永远也学不会自己解决问题。

◎ 满足孩子的需求并注重培养孩子的同情心。

如果遇到第二种情况，孩子无非是想表现自己。父母也不能不给他们表现机会，要及时认同他们的判断，在满足孩子这种心理需求之后，引导孩子用善良的眼光去看待这件事。比如，孩子说阳阳把饭菜弄撒了，而自己没有。父母可以先肯定孩子在这件事情上做得很小心，然后问问孩子，阳阳把饭菜撒了是不是很难过啊？会不会没饭吃而饿肚子啊？谁帮助了阳阳？要是自己是阳阳，遇到这种情况该怎么办？如果其他同伴因此笑话自己，自己是不是很伤心啊？尽量用问题把孩子的注意力和思维引导到关心和帮助小朋友，为他人设身处地地考虑。让孩子知道每个人都有缺点，每个人都有犯错的时候，我们要用宽容的心来对待别人，要体会对方的心情，还要给对方以关心和帮助。

当孩子认识到自己应该给小朋友以关心和帮助的时候，父母要及时给予赞许。让孩子知道，自己不像阳阳那样弄撒饭菜值得肯定，而真正能收获赞扬的原因在于自己关心帮助同伴。

◎ 让孩子在相对宽容的环境中面对并解决自己制造的麻烦。

如果遇到第三种情况，孩子为了逃避惩罚或批评而告状，针对的则是事情的责任。父母要耐心认真地听孩子讲述。在没有完全弄清事情真相之前，不管孩子惹了什么祸，都不要发火。

父母可以适当地安慰孩子，让孩子心情放松，然后引导和鼓励孩子说出事情的过程。如果孩子一时说不清楚，父母可以用提问的方式引导孩子回想一下事情的经过。

弄清了事情真相以后，父母要和孩子一起分析哪些事情是孩子应该负责的，还要让孩子知道勇敢地承认错误，勇敢地承担责任是非常好的品质。当孩子勇于认错的时候，不应该给孩子以惩罚，相反应该表扬孩子。

如果孩子经常因为害怕受到惩罚而企图通过先告状来保全自己、撇掉责任的话，我们要反思一下自己平时是否总是在类似的事件中给了孩子太大压力，让孩子在犯错的第一时间里最先想到的是逃避惩罚。如果我们自己在孩子犯错之后不作过激的反应，让孩子在相对宽容的环境中面对并解决自己制造的麻烦，这才是避免孩子说谎的好办法。

◎ 不拿孩子相互比较，让孩子学会欣赏自己。

有的孩子因为嫉妒而告状，父母要想想自己平时在家里是不是也经常用嫉妒的情绪谈论同事间的事情。如果父母平时爱拿自己的孩子跟别的孩子进行比较，总是比出自己孩子的不好，会让孩子产生自卑心理，同时对与自己相对比的孩子产生敌对的情绪。而父母在对比中总比出自己的孩子更加优秀，孩子就会产生自大心理，凡事也喜欢和别人比较。一旦遇到别人比自己强的时候，就会想办法贬低别人，抬高自己。所以，父母不仅要做好孩子的榜样，还要在平时的生活和游戏中让孩子知道，每个人都有自己的长处，也都有短处，除了继续发扬自己的长处之外，更要懂得欣赏别人，主动学习别人的长处。

27. 用礼貌的方式进行礼貌教育

"周某某，你给我过来！麻溜点儿啊！"这话出自一个五岁孩子之口，而且他叫的那个"周某某"就是他的爸爸。周围一些选购商品的顾客被小男孩一副"小大人"的样子给逗乐了。可不少顾客笑过之后不禁摇头："这孩子，怎么这么跟大人说话呢，真没礼貌。"

小男孩听见了立刻撇嘴回了一句："你管得着吗？"爸爸见状，赶紧过来解释："对不起，我儿子平时叫惯了。国外的孩子不也是对长辈直呼其名吗？我们家父子平等。"顾客见这位父亲振振有词，摇摇头走了。

这样的亲子关系就是"父子平等"？小男孩的表现分明就是没有礼貌，而他的父亲却仅仅看到了亲子间"直呼其名"的外在形式，却忽视了最基本的礼貌教育。如果这位父亲依然如此"平等"地教育孩子，孩子很可能会在与他人交往中受人冷落，甚至拳脚相向。试想，再有别人指出他"没礼貌"而他回一句"你管不着"的时候，与对方发生言语冲突的概率陡升，说不定还会被暴打一顿，末了还会被人指责"没教养"。

事实就是这样。我们要知道，自己的孩子一旦被周围的人公认是"没礼貌的孩子"，最终矛头就会指向我们自己。因为父母没有教育好孩子，没有教育孩子做人基本的品德。

如果大人觉得"唉！干吗那么紧张呢？礼貌不就是'嘴巴甜一点儿'的事儿吗？看到长辈叫声'爷爷奶奶好''叔叔阿姨好'不就有礼貌了吗？我们孩子就是平时说得少了一点儿，以后提醒提醒，多注意礼貌用语不就行了吗？"

我们要是以为"嘴巴像抹了蜜一样甜"的不时用点礼貌用语就是"礼貌"的话，那就大错特错了。这样就同前面的那位"周某某"爸爸一样，只看到了表面现象。

礼貌是什么？礼貌不仅仅是语言艺术，而且是人与人之间和谐相处的意念和行为，是言谈举止对别人尊重与友好的体现，是一个人的思想道德、文化修养、交际能力的外在表现。也就是说，礼貌是修养的体现，说得直白一点，一个人或许长得不美、穿得不靓，但他懂礼貌、有风度，会显得很有修养，比外表光鲜出口成"脏"的人更能获得别人的关注和认可。

"中国是世界闻名的礼仪之邦，'礼'是中国文化的突出精神，也是中国古代伦理思想的基本概念之一。好礼、有礼、注重礼仪是中国人立身处世的重要美德……"且不拿这些历史说事，单就礼貌给我们现代人带来的种种益处就是很值得我们思考的。

> 嘟嘟 5 岁了，妈妈特意邀请了嘟嘟的几个小伙伴一起来家里为他庆祝生日。孩子们玩得十分开心。临走时，大家忙着拿书包、穿鞋子，只有一个孩子留在最后，把自己坐的椅子认真摆好，把吃过蛋糕的餐具放进垃圾桶，还把弄乱的漫画书放回了原处。
>
> 虽然整理得不太规整，还有小伙伴不断催促他离开，但这个孩子的行为已经令嘟嘟妈妈印象深刻。她拉过嘟嘟爸爸轻声说："这孩子将来一定有出息！一看就知道他父母平时教育得好。咱们的嘟嘟也要加油啊！"

孩子们参加嘟嘟的生日聚会，恐怕个个进门时都会喊："叔叔阿姨好！"，但真正懂礼貌的却是最后那个默默收拾整理的孩子。可见，礼貌不仅仅是语言，也是行动，更是一种长期养成的、发自内心的品德。

孩子懂礼貌是父母教育的结果，"有家教"的孩子必然"懂礼貌"。我们在教育孩子懂礼貌时，要注意三个要素。

◎ 家长首先要提高自己的文明礼貌修养。

父母要做好榜样，并且为孩子做榜样要时时处处在生活中体现。比如，乱扔垃圾、随地吐痰、排队加塞儿、公共场合大声喧哗等行为都是不好的表率。

而且，父母之间也要以礼相待，即使有问题也要等离开孩子后私下解决，不要当着孩子的面争吵。一旦争吵，夫妻双方很可能情绪激动，不时蹦出一些污言秽语，这对一旁的孩子会造成不良的影响。

◎ 父母要用礼貌的方式进行礼貌的教育。

有的父母一见孩子犯错误就斥责打骂，一边动手，一边还数落孩子的不是，嘴里"脏话"连连。孩子受到这样的对待，身体疼痛不说，心里还特别难受。我们不敢保证孩子以后不会用这种不文明的态度和方式对待他人。

所以，父母要提高自己的修养，除了为孩子营造文明、礼貌的语言环境之外，还要注意在处理孩子各类问题时的方式方法是否正确。

平时，我们可以通过讲故事、做游戏等形式，教会孩子使用文明礼貌用语。如果不小心说了粗话，就应该坦诚地跟孩子检讨："刚才爸爸妈妈说了粗话，那是不对的，我们没做好榜样，向你道歉。你不要学，今后我们谁都不说这种话了，大家互相监督哦！"

特别要提醒父母的是，有时候父母和别人说得正热火朝天，而孩子刚好想借助大人取某个高处的玩具，或是不敢独自去黑暗的洗手间而不断插嘴打断大人的谈话，不少家长会呵斥孩子："等会儿！没见妈妈和阿姨正说话吗？"等到孩子自己取玩具摔坏了东西、一不小心弄脏了裤子，妈妈又会大发雷霆。这种情况下，年幼的孩子真地搞不懂"我是该说呢，还是不该说呢？"

为了使礼貌成为孩子的习惯，父母要在生活中对孩子进行具体的文明礼貌指导。如果懂礼貌成为孩子的一种习惯，自然会在各种场合中通过一些细节流露出孩子良好的教养。学龄前是培养良好习惯、学会遵循一定规范的重要时期，是孩子成为"社会人"的重要的第一步。在此期间养成了好习惯，随着孩子年龄增长，以后的种种良好品质自然就水到渠成了。具体而言，在这个关键时期里，我们应着重从孩子的言谈举止方面进行文明礼仪指导：

第一，孩子出门或回家时，要礼貌地同家人道别或问候。有客人来访时要以礼相迎，热情待客。家长和客人谈话时不随便插嘴，客人走时以礼相送。

第二，出门做客注意敲门或按门铃，得到允许后再进门。教育孩子在别人家做客不能随便翻动别人的东西，走时以礼告别。

第三，在孩子生病时父母悉心照顾，让孩子知道大人的爱和关心，大人生病时也提醒或鼓励孩子主动安慰照顾大人，并对孩子给生病的大人拿药盒、端水杯等行为进行表扬，表示感激。

第四，从孩子的吃相特别能看到孩子的家庭教育情况。父母要教育孩子，吃饭时请家人先入座。注意吃相，趴着、站着、用筷子乱扒拉、咀嚼声音太大、手脚乱放、含着食物说话、嬉笑等行为都要尽早纠正。

第五，在家里游戏时不要影响父母或邻居的休息和工作；在公共场所玩耍时要注意时间和场合，不吵架、不打闹，同伴之间互相谦让。

第六，"远亲不如近邻"，邻居是看着孩子长大的，有时甚至比远房亲戚更亲切，父母要教育孩子尊重邻居，主动帮助有困难的邻居。

第七，教育孩子虚心接受家人的批评教育。并且在接受批评教育的过程中不任性，不顶嘴。

28. 干扰他人时要说"抱歉"

从国外探亲回来的王先生讲述了自己在国外最难忘的一件事。王先生和老同学相约在国外某个餐厅里见面。与多年不见的老友聊天足有一个小时之后，王先生才蓦然瞥到斜对面的角落里有四个七八岁的外国孩子正在过生日。四个孩子围坐在放有生日蛋糕的快餐桌前，没见他们嬉笑打闹，也没见他们大声嚷嚷，一直都小声地聊天，直到另外两个估计是学小提琴而迟到的孩子背着琴盒匆匆赶来，六个孩子才开始温柔地唱生日歌，然后许愿、派送礼物，最后享用蛋糕。从头到尾，六个孩子都是轻声交谈，安静而有序。令王先生十分惊讶的是，整个过程没有父母出现。回想起国内孩子过生日的热闹场面，外国孩子完全不一样的生日派对让王先生印象深刻：即便是自己过生日，孩子们也不会大声喧哗，打扰其他客人。

我们可以把中国人过生日、过年喜爱热闹看作是民俗文化，也可以把呼朋唤友的聚会当作是热情好客的表达方式。但在餐厅、图书馆、地铁站等公共场所，安静、不打扰别人的基本礼仪，我们确实做得不够好。

有妈妈带孩子参加钢琴培训班，隔着窗子看到两个六七岁的孩子正在走廊上追逐，一边打闹一边尖叫。这位妈妈就推开门对他们说："孩子们，你们不能在走廊上大声打闹，里面的孩子都还在上课呢……"谁知，这位妈妈的话还没说完，一位女士就怒气冲冲地出现在她面前，连珠炮似的话语射了出来："关你什么事儿啊？这是走廊不是教室！我们不在这里玩在哪儿玩？凭啥不让我们在这儿玩？只准你们讲课不准我们玩呀？我们家孩子又没到你们里面捣乱！"这位妈妈不想继续和这位不讲理的女士纠缠，只好关上了门。"唉！怎么打扰别人还这么理直气壮？"

对于不打扰别人这一良好习惯与修养的教育，日本的妈妈们做得非常好。她们对孩子进行的早期家庭教育就是"不要打扰别人"。通过言传身教，让孩子明白打扰或妨碍别人是不文明的方式，而日本孩子在长期的耳濡目染中也逐渐被这种关怀他人、克制自己的"修身文化"塑造得彬彬有礼。

其实，"不打扰别人"就是对他人的一种尊重，是一个人参与社会生活、待人处事应当具备的最基本、最必要的文明礼仪。孩子每天会通过各种场合与他人产生交往，在与他人的相处过程中，会自然而然地表现出对别人的态度。我们要教育孩子从小做起、从小事做起，在别人生病、学习、休息、娱乐的时候不打扰别人，如果不小心干扰了别人正常工作或休息，要懂得对别人致以歉意。养成了良好的文明习惯，可以逐步培养孩子与别人相处的良好态度，为他长大以后直接参与社会生活、融入与他人的合作交流中奠定基础。

◎ 父母不要随意打扰孩子，干扰了孩子要道歉。

　　一位小孩在慢慢地往酸奶瓶里戳吸管，他很专心地试着，虽然失败了好几次，但他还是坚持着。孩子正很认真地研究他的"工作"，此时，在他的眼中，所有的事情都没有这件事重要，所有外界的影响对他而言仿佛都不存在。

而正在孩子沉浸在努力戳吸管的工作中时，他的妈妈在一旁早就等得不耐烦了。妈妈一把抢过酸奶瓶和吸管，边戳着吸管边说："这么简单的事，你还戳得那么费劲儿，还是我来吧。"孩子顿时"哇哇"大哭起来。

不明就里的妈妈一脸怒容："帮你忙你还不乐意？有什么好哭的！我不帮你，你弄到天黑都喝不上酸奶！"

这位妈妈不仅无情地打扰了培养孩子专注力的好时机，而且还打扰了孩子的动手能力，孩子没有亲手完成这项他特别专注而重视的工作，使他感到是自己没有能力去做这件事，自己真的很笨，连这么简单的事都做不好，孩子的自信心也受到了伤害。

而这位妈妈急躁的举动也会给孩子不良的心理暗示：自己可以随意插手别人的事情，可以随时中断别人正在进行的工作。在孩子与别的同伴玩耍的时候，面对同伴不太擅长而自己比较熟练的游戏时，孩子就会像他的妈妈一样，冲上前去肆无忌惮地打断同伴正在进行的游戏。

所以，要让孩子养成不随意打扰别人的好习惯，身为父母，就要努力做到不打扰孩子，如果无意中阻断了孩子的"工作"，我们不妨真诚地对孩子道歉："对不起，妈妈不是存心要打断你的。但是你看，吸管被你很用劲地戳弯了，不太好用了，所以这一次由妈妈帮你插。你看，这不是还有几瓶吗？剩下的都交给你负责了哦！妈妈相信你，一定能做好！"这样饱含了歉意和鼓励的话语，不仅能够安抚孩子的心，还能让孩子感受到来自妈妈的尊重和呵护。

◎ 如果孩子经常随意打扰父母，不妨这样做。

有的孩子不管父母是否正在炒菜或是正接听电话，或者正在和邻居谈话，他都会不管不顾地叫嚷着让父母讲故事、陪他玩游戏，拉着父母赶紧走。遇到孩子这样的行为，常常让家长感到头痛，往往事后对孩子发一通脾气，而孩子下一次依然明知故犯。

为什么孩子就不能耐心等一等，总是那么急躁呢？为什么孩子没有一点儿"不应该打扰别人"的意识呢？其实，孩子往往也不是真的就等不了那么一会儿，真的不明白打扰别人不好，他那么做的终极原因就是——他总是不能立即得到你的关注——这让他感到很不爽。

所以，我们可以告诉孩子，在特殊情况下，有些事情并不能同时进行，就好像我们不能在喝水的时候同时说话一样。让孩子明白，如果他企图打扰或者要求，就是不合理并且粗鲁的。在某些时刻，需要一些耐心，必须要等待爸爸妈妈做完自己的事情之后，再过来以全部的关注力来关心他的某些并不很重要的需求。使孩子逐渐明白，不给父母或者他人造成打搅是礼貌和体谅的表现。而且，在迫不得已要打扰到别人的时候，提前说"抱歉"也是寻求帮助的方法。

◎ 通过游戏让孩子获得直接的感官体验。

我们在日常生活中，可以通过游戏的方式，注意激发孩子积极的情感体验，调动孩子以往的经验和各种感官体验，让孩子知道：不打搅别人是一种尊重他人的美好情感。

我们可以尝试使用家里的玩具，让孩子来照顾"生病"的玩具，告诉孩子要轻声说话、轻声走路，不能打扰生病的玩具，那样会让玩具感到难受。我们还可以即兴发挥很多游戏场景，比如，探望生病的玩具、假装带玩具看电影、为玩具做可口的饭菜、让孩子陪玩具一同安静地等候等。这些模仿真实事件的游戏场景可以增加孩子的经验和情感体验，激发孩子自发产生关心别人的愿望，也能使孩子在具体的游戏环节中模仿学习良好的行为习惯。这比父母苦口婆心、语重心长地教育孩子"要懂礼貌，不要打扰别人，干扰别人是不文明的行为"的说教更有效果。

29. 让孩子学会等待

有的孩子在和同伴玩耍的时候，虽然知道要排队、要按秩序进行，但却总是特别着急地催促同伴"快点儿"；有的孩子虽然知道好东西要和家人分享，可当妈妈的第一个菜刚上桌，孩子就忍不住开动筷子了；还有的孩子，虽然明白出差在外的爸爸会给自己带回新玩具，但却总是惦记着玩具胜过想念爸爸，以至于爸爸一到家，孩子第一句话不是"爸爸，我想你了"，而是"爸爸，你给我买的玩具呢"，这令爸爸很伤心。

这些孩子的种种表现，其实都是天性使然，虽然他们明白事理，可就是控制不住自己的想法，因为他们面前的目标对他们而言，实在是太吸引人了！他们的所有想法、所有思维、所有视线都集中到目标上面，已经完全不会顾及别人的感受，甚至还会因为迫切地实施自己的想法而伤害到别人。

有个著名的"糖果效应"正好说明了这个问题。

心理学家戈尔曼对参与实验的一群 4 岁左右的孩子们说："现在，你们每个人的桌上都有两颗糖果，如果你现在吃，就只能吃一颗糖。但是，如果你能坚持 20 分钟，等我回来后再吃，这两颗糖就都归你了。"说完后就出去了，留下孩子们待在房间里。

戈尔曼刚踏出房门，一些孩子就迫不及待地抓起了桌上的糖果，很快就吃了起来。而有一些孩子，虽然艰难地看着吃着糖的同伴们，但还是选择等待 20 分钟得到两颗糖。这 20 分钟对于他们而言是如此漫长，不少孩子只好把眼闭起来，以抵制糖的诱惑；有的孩子用双臂抱头不看糖；有的孩子喃喃自语或者唱歌、跳舞；还有的孩子干脆躺下睡觉。20 分钟后，戈尔曼回到了房间，那些等待的孩子如愿得到了两颗糖。

经过 12 年的追踪，心理学家发现，那些在 4 岁左右熬过了 20 分钟抵制住了糖果诱惑的孩子，学习成绩明显比较好。长大之后都有较强的自制能力，自信，不会轻易向困难低头，适应性、独立性强，处理问题的能力强，坚强，乐于接受挑战；而那些在 4 岁时就抵制不住一颗糖的诱惑的孩子，学习成绩要相对落后，遇到压力就畏缩不前，自尊心很容易受到伤害。长大以后常常出现多疑、妒忌、神经质、任性的问题。由此，这种从小时候的自控、判断、自信的小实验中能预测出孩子长大后个性的效应，就叫"糖果效应"。

其实，这和我们中国的传统教育故事《猴子掰玉米》也有异曲同工的地方。猴子不也是只顾眼前利益而放弃了坚持与克制，最后两手空空吗？前面的道路很长，面临的诱惑很多，如果仅仅满足当前的需要，往往就迷失了真正的目标。作为父母，肯定希望自己的孩子能够学会等待，能够有很好的自控力，最终得到两颗糖果，而不是被眼前的一颗糖果所迷惑。然而，不少孩子的表现却是令父母感到失望的。

现在绝大多数家庭中只有一个孩子，父母、长辈都对孩子有求必应、百依百顺。这样就在孩子头脑里逐渐形成了一种思维定式，那就是：我想要什么就马上要得到，因为任何东西都不需要通过自己的努力或等待一段时间获得。如果不能立即、马上得到，我就会以哭闹、撒泼、反抗的方式来威胁大人。而且事实证明，大人确实挺怕我使用那些招式的。

存在这种思想的孩子必定不懂得何为谦让、克制，在与同伴的交往中，只要对自己有利的、自己喜欢的，就会不顾一切地盲目冲动。比如，好东西不会与朋友分享、不能专心地搭积木、不能按秩序进行有序地玩耍、不能很好地融入"轮流玩"的游戏当中等。

为了让孩子在今后的生活和学习中能够耐心地、目光长远地做事，我们应当积极培养孩子的自制力，让孩子学会等待，让孩子明白：等待之后能够获得更多回报。

◎ 父母要信守承诺，让孩子相信等待。

如果"糖果效应"中的心理学家，在试验结束后把原本答应给坚持 20 分钟可以得到的那两颗糖果收走了，对孩子们食言了，这个实验的结果就被直接改写了，这些孩子们将来的人生轨迹或许也会发生变化。信任对方，而对方却失信于自己，这样的滋味并不好受。或许孩子还会后悔"早知道这样，还不如先把那一颗糖给吃了呢！"孩子有了这样不愉快的经历，以后也不愿意轻易相信别人了。

因此，如果父母希望自己的孩子能够坚持、克制，就一定要对孩子信守诺言，答应孩子的事情一定要做到；不能做到的，就不能随意答应，不能轻易许诺。

◎ 在孩子受挫时及时转移注意力。

孩子在刚刚受到延迟满足的训练时，容易哭闹，见大人没有立即满足自己的需要就大发脾气，而后情绪低落。这时候，我们可以尝试转移孩子的注意力来缓解他内心的冲突。比如，爸爸出差回家，比较匆忙，没有给孩子买任何礼物，而孩子不依不饶地索要玩具，我们可以给他两个选择，"你是愿意看动画片，还是愿意到游乐场玩？"这两件事情都有一定的诱惑力，可以使孩子的注意力在选择的过程中得到转移。等孩子从挫折的阴影中走出来的时候，他会感谢你的陪伴，正视挫折。

◎ 对孩子的需求要给以积极合理的回应。

并不是孩子的所有需求都必须延迟一定时间才满足他，我们要对孩子提出的需求有正确的判断，果断地决定哪些需求是可以立刻满足的；哪些是需要给孩子一定考验，需要孩子等待的；而哪些是根本就不能满足的。

对于可以立即满足的需求，我们还可以不失时机地附加一个条件，比如，"你想看电视可以，但要事先约定时间。而且，你得把刚才画画散落的彩色笔都送回家才能看电视。"又比如"你可以到邻居家玩半个小时，但这个点可能他们还在吃饭，你现在过去不太合适。那就请你帮我们把地扫扫吧！"

父母有条件地答应孩子的需求，并不是让孩子感到被要挟，而是让他懂得珍惜自己的满足对象，也让他明白任何收获都是需要付出的道理。

◎ 让孩子逐渐习惯有期限的等待。

学龄前的孩子由于性格特点或生理因素，不能接受长时间的延迟满足。漫长的等待只会加剧他狂躁不安的情绪，所以，我们可以从让孩子等待一分钟开始，慢慢地增加时间。

等孩子逐渐习惯了有限期的等待，就会逐步学会克制自己的冲动和渴望，更珍惜最后得到的东西。

◎ 从多方面培养孩子的自制力。

我们可以把多种关于自制力锻炼的方式有机结合起来。比如，我们先和孩子约定，只有得到父母的允许，才可以看动画片；再与孩子约定看电视的时间具体到分针从数字几指到数字几；然后告诉孩子，必须等到分针指到数字几了才可以打开电视，因为那个时候少儿频道才有孩子喜爱的动画片，如果提前打开了，虽然看电视的总时间不会缩短，但提前使用了，等到自己喜爱的动画片出现时就会不得不关闭。给孩子讲清道理，让孩子自己做出选择，并承担自己选择的最终后果。

30. 让孩子懂得体谅父母

从妈妈腹中开始孕育孩子的第一天起，妈妈就开始担当孩子保护者的角色。从孩子呱呱坠地开始，为人父母总是无私地为孩子奉献着自己全部的爱。

在孩子的成长过程中，我们投入了大量的精力和财力，对孩子无微不至地呵护、关心，宁愿自己少睡一会儿、自己少吃一口也要优先考虑孩子的需求，竭尽所能为孩子提供良好的物质条件和教育环境。为了孩子读幼儿园，我们要提前一年甚至更长时间对附近的幼儿园进行细致的考察，亲自到幼儿园逐个参观、比较。

为了孩子将来的发展，我们还不辞辛苦地在下班后或周末带孩子参加各种兴趣班。我们不断为孩子创造机会，让孩子更多地接触绘画、舞蹈、钢琴、小提琴、古筝、长笛、架子鼓、围棋、跆拳道、轮滑等艺术或运动。可以说，父母为了孩子牺牲了太多个人时间和兴趣爱好：喜欢逛街的妈妈宅在家里照顾孩子，喜爱应酬的爸爸也推掉饭局尽量回家陪孩子，本来可以在老家享清福的老人也赶来照顾孙子、孙女。

但是，就在如此好的环境下，孩子们却往往不能很好地体谅父母或长辈的辛苦，还时常抱怨："妈妈，你好烦呀！""爸爸，你真麻烦。""姥姥，我不喜欢你。""这都不会，奶奶好笨哦！"……大人们听到孩子对自己说这些话心里别提会有多难过，为自己无私奉献却招来孩子的讨厌感到十分委屈：我们掏心掏肺地对孩子好，辛辛苦苦地挣钱养家，孩子要什么，我们就给什么。可孩子却一点儿都不体谅我们。这么小就这样对大人，要是以后读小学、初中更叛逆了可怎么办？

难道孩子就真的不能体谅、不会体谅父母吗？其实，不是孩子不能体谅父母，而是父母没有让孩子有机会了解自己，没有在生活细节上培养孩子如何体谅别人。常常在孩子面前显示自己很强大，让孩子觉得父母无所不能，自己想要什么有什么，父母没有什么不能办到的。父母表现出的坚强和呵护，使孩子在幼小的心里认为爸爸妈妈从来就不会生病，更不会受伤，能够像超人那样永远保护自己。

父母过多的包办、替代和纵容也让孩子对父母产生了强烈的依赖感，孩子不仅不能自理，也不懂得为父母分忧。为了保证孩子的安全，父母往往还会阻止孩子探索世界、认识世界的各种尝试，使孩子的好奇心无法得到满足，缺乏成就感。孩子没有了自信，也就不知道该如何处理生活中的细节问题。

有时候，我们偶尔会听到孩子说："妈妈，我帮你扫地吧！"但我们往往忽略了孩子这个希望体谅父母的讯号，只简单地认为孩子贪玩、好奇，更担心孩子添乱而一次次剥夺孩子体谅父母的机会。父母常常对孩子说："这些事情你做不了。""你还是去玩你的吧，别给我帮倒忙。"这样的回答让孩子感到很有挫败感，感到"妈妈不需要我帮忙""我没资格体谅妈妈""我没能力帮妈妈分担"。久而久之，当孩子一次又一次被爸爸妈妈拒绝之后，孩子就会形成"父母不需要帮忙，不用被体谅"的观念，并且逐渐对父母的劳累、汗水、病容视而不见，所以说，孩子不体谅父母，很大程度上都是父母造成的。

那么，如何让孩子了解父母的心、主动体谅父母呢？我们不妨用孩子喜爱的方式让孩子找回对父母的体谅之心。

所有孩子都喜欢玩游戏，这是毋庸置疑的天性使然。我们可以构思角色互换的亲子游戏，让孩子来体验爸爸、妈妈、姥姥等角色，亲身感受大人平时需要做的工作。

比如，带孩子购物，让孩子尝试提菜篮，或者分一些体积较小、重量较轻、不易破碎的东西给孩子拎，让孩子体验外出玩耍的乐趣的同时更能体谅到父母的辛苦。我们一开始就要和孩子约定，这盒酸奶是你自己选的，要从头到尾一个人提回家。中途大人不要帮忙，要让孩子知道，即使按照体型来分担重量，大人已经给他减负了，大人手里还有更重的东西。回家之后不妨询问孩子是否觉得累，让孩子体会到购物其实也是一种辛苦。告诉孩子，爸爸妈妈每天做的事比这多多了，孩子会体会到父母更辛苦更累。

我们还可以完全融入角色中，让孩子当妈妈，大人当宝宝。让孩子真实地体会做大人的辛苦，明白以前自己的许多做法都是不体谅父母的表现。

> 畅畅和妈妈下楼玩，玩够疯够了回家时，妈妈和孩子玩起了角色互换游戏。

畅畅一本正经地对妈妈说："你走快一点儿啊，别磨蹭，我回家还要做饭呢！"

妈妈忍着笑，答应畅畅："好的，可是妈妈，我累了，你抱抱我。"

畅畅爽快地答应了。可试着抱妈妈的腿，使出浑身力气还是抱不动，畅畅气馁地说："哎呀，我抱不动，你自己走吧，很快就到家了。"

可没走几步，妈妈憋着嗓子学小孩的声音对畅畅说："妈妈，我饿了。"

畅畅头也不回地回答："妈妈没带吃的，马上就到家了。回家就能吃东西了。"

没走两步，妈妈又嚷嚷："哎呀，我口渴了，要喝水。"

畅畅有些不耐烦了："真麻烦！你回家喝行不行呀？"

妈妈开始假装抹着眼泪不走了："不嘛，我就要喝水，现在就要喝！"

畅畅见妈妈"哭"了，立刻乱了阵脚，赶紧哄妈妈："宝贝，别哭啊！回家咱们就喝水，妈妈还给你吃糖，好不好？"可妈妈依然不依不饶地"哭"。

畅畅见这个"宝贝"耍赖皮不走了，也开始哇哇大哭起来。

妈妈见状，抱起畅畅说："好了，我们的游戏结束了。你为什么也哭了啊？"

畅畅噘嘴说："我好烦啊！我没有办法啊！"

妈妈笑眯眯地对畅畅说："你觉得烦吗？那妈妈一手提菜一手拿牛奶，叫你赶紧上楼你却耍赖要妈妈抱的时候，你有没有觉得那么做不对呢？妈妈早上为你熬了粥，你却非要吃面条，做了面条又非要吃有炒肉末的那种，你有没有觉得那样做不好呢？"

畅畅低下了头："嗯。"

妈妈见有效果了，赶紧问："你觉得当妈妈好玩吗？"

畅畅回答："当妈妈可真不容易啊，我还是做宝宝好了。"

其实，我们不要总和孩子讲"要体谅我"这么空洞的道理，不要等着孩子来关心、感谢我们，而要具体教孩子该怎么做。让孩子知道如何才是体谅和照顾，让孩子真正地了解做父母的辛苦、疲乏、琐碎、忙碌，使孩子逐渐变得体贴、懂事、孝顺，并学会感恩。

习惯是一种巨大、顽强的力量，好的习惯会使人终身受益。要想孩子有个良好的习惯，家长就要时刻注意自己的生活习惯，言传身教方能事半功倍。

第六章

习惯：抓住习惯形成的关键期

31. 让孩子自己的问题自己解决

许多家长认为，自己的孩子年龄还小，不具备解决问题的能力，而在家庭中，孩子往往被捧在手心里，衣来伸手，饭来张口。即使孩子已经具备了做事的能力，能够自己穿脱衣服、自己大小便了，可是父母们生怕孩子自己穿衣服穿得慢会着凉，担心孩子自己大小便会弄脏裤子、擦不干净屁股，就一味地包办代替。这样一次次剥夺了孩子单独行动的权利，就会造成孩子独立解决问题的能力逐渐退化。不仅遇到问题不会处理，还会怕事，有事就依赖父母。没有独立精神，不能依靠自己的能力独立解决问题的孩子是无法独立生活的。

有句话说得好："授人以鱼不如授之以渔"，孩子将来面临的是一个需要自己走路的社会，作为孩子的第一任老师，父母更应该教给孩子将来如何在社会立足的能力和技巧。不要认为孩子小，等他大一点儿再教也不迟。其实，再小的孩子也会运用一些策略和办法来解决问题。如果我们忽视了从小培养孩子独立解决事情的能力，在孩子不需要帮助的时候擅自帮助或者替孩子作决定，就会使孩子失去锻炼机会而能力退化，到孩子大一点儿的时候就会出现懦弱、遇到问题束手无策的境况。所以，要让孩子从小就有足够的机会体验到独立解决问题的成就感和乐趣。

那么，我们如何做才能培养孩子独立解决问题的能力，让孩子养成自己解决问题的习惯呢？

◎ 适当放手，做孩子的"脚手架"。

心理学家大卫·伍德曾经说过，家长应当充当孩子们的"脚手架"，为孩子解决问题提供一个框架，然后鼓励孩子自己动脑筋、想办法。这样不仅可以使孩子在父母所期望的规范内安全而顺利地处理问题，还能使孩子在自己解决问题的过程中始终保持动力和信心，因为孩子知道，父母的"脚手架"会保护自己不出意外。

当孩子的身心发展达到一定水平，已经具备了自己解决问题的生理和心理条件，我们可以在日常生活中放手让孩子独立做自己的事。比如，可以关好门窗，保证室内温度不会造成孩子感冒，把孩子的衣服从衣柜中取出来放到床边，我们的"脚手架"就搭建完成了，可以放心地让孩子自己穿衣服了。也许孩子会把扣子扣得乱七八糟，但是没有关系，因为他会很快从中汲取经验，即使孩子出错了，甚至惹出许多不必要的麻烦，没有关系，我们不要包办代替，可以暗中给孩子一些帮助，并对孩子完成这项任务表示赞赏和鼓励。

◎ 培养孩子的独立意识和能力。

在国外，许多家庭会让孩子在假期出去打工，体验生活的艰辛。到了一定的年龄，父母就让孩子独立生活。通过这样的实践锻炼，国外的孩子普遍独立性强、自立而自信。

要想让我们的孩子具备自己独立解决问题的能力，就应该放手让孩子独立分析、解决自己遇到的问题，依靠自己的能力处理纠纷。

　　4 岁的爽爽爱哭爱"告状"，谁和她吵架了，谁抢了她的玩具，她都会哭着拉着父母去当"裁判"，让父母去教育和她吵架的孩子，让父母出面帮她把玩具拿回来。在和小伙伴玩耍的时候，遇到问题从来都不会自己处理，在家里就依赖父母去解决，在幼儿园就不断地向老师"告状"。

有一次，妈妈同事的女儿来家里做客，爽爽本来对这个姐姐挺喜欢的，拉着姐姐的手乐呵呵的。可不一会儿，爽爽就跑到厨房向妈妈"告状"了："姐姐真坏，抢了我的遥控器，那是我们家的！"原来，两个孩子一个想看《喜羊羊》，一个想看《巴巴爸爸》，两人为了看电视产生了纠纷。

妈妈联想到爽爽一直以来爱"告状"的问题，这一次故意不出面帮女儿解决，于是对爽爽说："你去跟姐姐商量一下，想想看，平时爸爸妈妈想看不同的电视节目时，是怎么做的呢？"

爽爽歪着头想了想说："爸爸就让妈妈看。"

妈妈接着说："对啊，你为什么不让客人看呢？今天小姐姐生气了，有什么办法能和她和好呢？"

爽爽大声地回答："我向她道歉，下次她来我家，我再也不和她抢了。"

3—6 岁的孩子虽然有了自我意识萌芽和初步的独立意识，但由于他们经验有限，是非辨别能力和实际处事能力较弱。为了解决问题，他们最常用的办法就是"告状"，目的是向大人求助，希望借助大人的力量帮自己解决问题。爽爽妈妈虽然之前对爽爽的各种问题过于包办，但在认识到问题的严重性后及时转换了思想，正确而有效地引导了孩子顺利地解决与小姐姐的纠纷。虽然这些都是小事，但通过这些小事的处理，孩子才会渐渐成熟。所以，我们要尝试压抑自己保护孩子的护犊之心，引导孩子独立思考、勇于实践，逐渐培养孩子的独立意识和能力。

◎ 父母要有意识地为孩子创设独立解决问题的机会和条件。

美国心理学家的研究成果表明，孩子是否能成功解决问题，更多地取决于他们的经历而非聪明程度。所以，如果我们想提高孩子解决问题的能力，就不能仅限于"纸上谈兵"，只有通过实践和体验，才能逐步提高孩子能力。

我们可以有意识地为孩子创设独立解决问题的机会和条件，比如有意地晚一点儿到幼儿园接孩子，看看孩子会有什么表现；孩子想约伙伴玩，我们把约会的电话交给孩子来打。给孩子足够的机会和信心，让孩子大胆尝试，渐渐地我们会发现，孩子更懂事，更让自己放心了。

◎ 相信孩子的能力，并欣赏孩子的努力。

由于能力有限，孩子们解决问题的方式、方法也许并不合乎我们的想法，但我们要相信孩子的能力，并且欣赏他的努力，用赞赏的眼光看待孩子独立解决问题的过程。一个欣赏的眼神或是一个鼓励的举动，都能给予孩子无穷的力量，增强孩子的信心。孩子就会更加积极地解决遇到的问题。

我们不能给予孩子未来的一切，但如果我们培养了孩子独立解决问题的习惯，使孩子在实际生活中具备了解决问题的能力时，就等于给予了孩子未来的一切。

32. 激发孩子内在的艺术天分

在不断的科学实践中，已经证实了多让孩子接触音乐、美术、舞蹈等活动，确实能够达到活跃孩子思维、丰富孩子的内心、增强孩子的肢体协调能力，从而间接达到提高孩子智商的目的。

对于孩子来讲，"儿童的艺术是儿童把握世界的一种方式"，孩子通过各种艺术形式了解世界、表达自我。但是，由于绝大多数孩子的早期艺术表现是多方面的，在不同的年龄阶段也有不同的表现方式，会表现出不同的艺术兴趣。所以不少父母常常抱怨孩子上个月还特别喜欢画画，每天痴迷于绘画都快到了废寝忘食的程度，而这个月又基本不动笔了，又喜欢弹电子琴了。许多父母常常抱怨自己对孩子投入不少，为了迎合、培养孩子的兴趣，为孩子买了无数盒水彩笔、不少橡皮泥、笛子、电子琴……可往往买回家没多久，孩子的热情又很快就没了。

很多家长认为，让孩子学习舞蹈、绘画、声乐等技能就是学习艺术，而这几个方向的各种兴趣班也因此在幼儿园、居民区、商业街上遍地开花。而父母们特别注重孩子内在的艺术天分的成果体现，比如，我的孩子会画几幅画，会做几个标准的舞蹈动作等。不少父母还把孩子的艺术天分和过级考证过早地联系在了一起，这样不仅不利于孩子艺术潜能的发展，还会因一些必需但乏味的基本功训练而使孩子失去了对艺术的兴趣。

所以，我们不仅要对孩子予以艺术方面的积极刺激，更要注重培养孩子对审美的感知能力，顺应孩子的发展要求和变化，才能更好地激发孩子的艺术天分，把孩子引入艺术之路。

◎ 父母要明确：艺术天分不等同于单纯的技能技巧训练。

父母如果一味追求单纯的技能刺激，或是盲目地相信并运用那些能使孩子的艺术潜能得以发展的某种开发教材、教具，这样不切实际、不了解孩子兴趣、不符合孩子艺术思维发展的"培养方案"对于激发孩子的艺术潜能并不是绝对有效的，有时候还会引起孩子的反感。

而父母们看到周围的家长都带着孩子上这样那样的兴趣

班，也不希望自己孩子比别人差，忙不迭地给孩子报班；对孩子在一两次学习之后表现出来的小小成果欣喜不已，认定自己的孩子就会是这方面的天才，一旦孩子稍有倦怠，父母就会感到特别失落。

艺术技巧技能的训练是一个长期的、枯燥的、不能随意中断的过程。对于好奇心、模仿力强的学龄前阶段的孩子而言，他们可能对种种艺术体验很感兴趣，而一旦深入接触之后，枯燥单调、乏味无聊的基本功训练会让孩子一点儿新鲜感都没有了，他们很快就会浅尝辄止。

所以，我们要明确，激发孩子的艺术天分并不等同于简单的技能技巧训练，关键在于培养孩子对审美要素的感受力，通过感受现实生活中的色彩、线条、对称、平衡、节奏、韵律等美的要素，让孩子发自内心地愿意深入到艺术殿堂中。孩子是否定性不要紧，只要孩子觉得艺术是美好的、让人快乐而又自由自在的，这就已经达到了我们的引导目的。

◎ 了解孩子的兴趣点，根据兴趣点来培养特长。

学龄前孩子的特点就是三分钟热度。所以不要把他的喜新厌旧视为兴趣。孩子年纪小，可能对任何东西都表现出浓厚的兴趣，他喜欢抓画笔随手涂鸦，并不表示他就一定具有画画的天分，也许他只是对这根一会儿可以画出线条、一会儿又可以画出乱麻的笔发生了兴趣而已；孩子看到别人弹琴、吹笛子，也要争着学一下，很可能他只是对那些能够发声的、在别人手中可以发出悦耳音乐的乐器产生了好奇而已。我们只需要为孩子提供尽可能多的接触各类艺术的条件，让孩子真实地感受到艺术对他的冲击和刺激。

有的父母不禁要问，难道孩子喜欢什么，我们就给他买什么，这样才能让他更多接触艺术吗？

答案当然是否定的。我们没有那样的财力和精力，更没有必要把所有的乐器、绘画材料等都为孩子买来放在家里让他自己任挑任选。我们可以以带孩子观看演出、观摩儿童剧、听歌曲、参加手工劳动等方式，让孩子在玩和看的过程中对各种艺术的表现形式进行一定程度的了解。如果发现孩子长期对某些事物或某种艺术形式表现出了兴趣，就可以创造机会让他多接触这个事物或这门艺术，等确定孩子确实有兴趣后，再进行定向的培养。

◎ 相信自己的孩子是独一无二的，具有与众不同的能力。

虽然我们身边的天才或神童少之又少，但仍然有不少孩子从小就表现出他与众不同的一面。由于这种与众不同往往在别人看来是一种怪异的行为，所以，如果父母片面地认定自己的孩子有问题而勒令孩子改正言行，那么孩子的天分就这样被扼杀了。比如，有的孩子特别喜爱画各式各样的房子，而且可以画上几个小时，安安静静地坐在桌前，甚至对父母的招呼也充耳不闻。看到别人家的孩子在楼下活蹦乱跳地玩耍，父母会怀疑自己的孩子是否有自闭症。于是四处求医，花了不少冤枉钱后，才知道孩子没有任何社交障碍，语言能力也不弱，只是特别喜欢安静画画而已。但父母领着孩子四处求医的事被小区的街坊邻居和幼儿园的老师、同学知道了，为了证明自己不是别人眼中的病人，孩子放下了画笔，渐渐融入到了玩伴当中。虽然看起来和别人一样"正常"了，但孩子的绘画天分也逐渐消磨殆尽了。

所以，要想对孩子进行艺术培养，父母要理解并信任自己的孩子，从孩子的眼光和角度出发来观照他们的世界。要相信孩子具有与众不同的能力，不表现出对他的怀疑，这才是父母挖掘孩子艺术潜力最关键的一点。

◎ 不要对孩子的三分钟热度太过抱怨。

几乎所有的孩子都需要唱歌跳舞和画画，但毫不夸张地说，80%的孩子却只喜欢以自己的方式唱歌跳舞和画画，而不希望有人限制他们如何玩。原本喜欢在家里伴随音乐翩翩起舞的孩子，或许压根就不喜欢兴趣班老师对压腿劈叉等基本功的训练，她仅仅喜欢"按照自己的方法乱跳"。所以，对于那些平时表现得很有艺术细胞而对上兴趣班学习音乐、美术、舞蹈等只有三分钟热度的孩子们而言，我们不用对他们作太高的要求，不要苛求孩子"我都给你交学费了，你至少得每周坚持去两次吧！"其实，让孩子随心所欲地涂鸦、吼叫、蹦跳也是一种宣泄情感的方式。只有高明的父母，才会对孩子的表现加以宽容，才会尝试用游戏等孩子喜爱的方法引领他进入艺术的大门。

艺术在生活中无处不在，我们不用过早给孩子的能力定型，尽量让孩子在童年时多做各种尝试，比过早地单一定向培养更有意义。

33. 改掉最常见的坏习惯

我们都知道0—6岁学龄前时期是孩子神经系统发育最快、各种潜能开发最关键的时期，也是进行教育的好时机。但是，早期教育绝不能只停留在教孩子说话、锻炼孩子四肢协调、训练孩子思维能力或是简单的学画、练琴、识字、背诗之类的知识性教育，而是要为孩子提供一个教育营养丰富、教育刺激充足的生活环境，这样才可以激活孩子的大脑发育和人格成长，为孩子今后的各项发展打下坚实的基础。可以说，基础中的基础，就是生活习惯的培养。

对于学龄前的孩子来说，培养良好的生活习惯比教授知识更为重要。因为，良好的生活习惯可以让孩子受益终生，而恶习则会贻害孩子一生。培养良好的生活习惯不仅是对孩子进行早期教育的最重要内容之一，还是培养孩子独立性和自理能力、使孩子逐渐"长大成人"的重要基础。所以，父母必须高度重视对孩子生活习惯的培养。

对于孩子来说，学龄前阶段是各种习惯培养和形成的关键期，而生活习惯是孩子早接触并会影响孩子一生的最重要而基础的习惯。家庭正是我们每个人最早接受习惯培养的课堂，家庭中的各个成员都是孩子形成良好习惯的老师。从孩子呱呱落地开始，父母为孩子喂奶、把尿、洗澡，到孩子大一点儿的时候引导孩子吃饭、喝水、洗手等，都是在有意无意进行着生活习惯的培养。而孩子年龄越小，神经系统的可塑性越大，各种好习惯也就越容易形成。如果我们没有把握住这个可塑性强的学龄前时期，忽视了对孩子生活习惯的培养，孩子一旦养成了作息时间混乱、挑食偏食、不讲卫生等不良习惯，要纠正起来就难上加难了。

所以，我们要抓住生活习惯培养的最佳时期，从孩子一出生开始，就要有意识地开始训练，使孩子从小就依照一定的时间进食、睡眠、活动，为以后的良好生活习惯打下基础。

在孩子 1—3 岁的时候，要坚持强化孩子的好习惯，利用孩子爱模仿的天性辅导孩子依照成人的方式有规律地生活。3 岁以后，可以以具体的行为教育和讲道理相结合，除了让孩子继续保持良好的生活习惯，更要让他明白自己为什么要学习并保持这些习惯，使孩子对为什么要坚持那样做的简单道理具有初步的了解。

培养良好的生活习惯要从平常生活的点滴做起，不能光靠父母苦口婆心的说教，也不是死板地执行几条规矩就能形成的。绝大多数家庭中的 1 岁以下的孩子，生活方面的各种问题主要都是由父母包办，我们不妨在对孩子进行日常护理的过程中多和孩子说说话，不要以为孩子听不懂就不说，而应用富有情感的语言多对孩子说。

学龄前孩子对任何外在事物都很好奇，都希望能够摸一摸，甚至啃一啃来感知物体，所以培养孩子养成良好的卫生习惯尤为重要。

比如，有的 1 岁孩子特别不喜欢洗脸，妈妈给他洗脸的时候，孩子不仅会躲，还会大哭，哭得直打挺儿，总之就是不让洗。搞得每次洗脸就像打仗一样，场面极为壮烈。妈妈不妨认真观察孩子到底为什么怕洗脸，是妈妈的动作不够温柔擦痛了孩子娇嫩的皮肤，让孩子对洗脸感到恐惧？还是水温对大人而言正好却对孩子来说太烫了？或是妈妈的洗脸方式是把毛巾一整块地捂住了孩子的脸，让孩子感到本能地害怕？或是孩子没有准备好妈妈就突然开始洗脸了？找到了孩子不愿洗脸的原因之后，妈妈可以多和孩子温柔地说话，在洗脸之前轻声告诉孩子："宝贝，妈妈要给你洗脸了哦！"还可以和孩子聊天，告诉孩子："宝宝今天真乖，小脸特别干净，妈妈好爱你这么干净漂亮的宝贝啊！"随着年龄增大，孩子就会逐渐配合甚至主动要求洗脸了。

对于 2 岁以上的孩子，父母在帮助孩子做日常清洁卫生时，要逐渐地给他灌输卫生的知识，具体地告诉他什么是脏的，什么是干净的，不能吃手，不吃脏东西、不挖鼻孔、不抠耳朵，也不要随地吐痰，要养成整洁卫生的习惯。父母除了定期给孩子剪手指甲、脚趾甲外，还要教会孩子自己如何使用肥皂洗手，并且冲洗干净。这一年龄阶段的孩子牙齿在逐渐出齐，父母还要教孩子如何使用适量的牙膏来刷牙。如果孩子不愿意刷牙，也要让他养成饭后漱口的习惯。

良好的生活习惯，除了卫生习惯之外，还有良好的行为习惯、饮食习惯、睡眠习惯、行为习惯等，这些都需要父母在日常生活中从细节入手、从基本开始，逐步让孩子按照一定程序来进行，并且让孩子明白，这些良好的习惯是使自己更干净、少生病、更聪明、更受人疼爱的根本。总而言之，良好习惯的养成不是一天两天就可以的，只有父母从大处着眼重视孩子良好习惯的培养，从小处着手在日常生活中审视孩子的行为、反思自我的表现，有意识地引导孩子发展良好的行为模式，才能使孩子逐渐养成良好的生活习惯。

34. 及时纠正孩子挑食的习惯

在吃饭的时候，对菜挑挑拣拣容易把菜搅凉和弄脏，而且，在挑选食物的过程中，人的大脑会相应地出现一种抑制食欲和消化液分泌的条件反射。所以，凡是有挑食习惯的孩子，一般都不可能保持良好的食欲和最佳进食状态，他们往往身形瘦弱、经常生病、不爱运动，看起来比同龄孩子要羸弱许多。

> 贝贝从 3 岁起出现挑食的毛病，现在快 5 岁了，依旧一到吃饭时间就不开心。任凭妈妈喊破嗓子也不主动上饭桌，即使妈妈追着喂饭，他也不轻易张嘴。好不容易开口吃饭了，却把饭含在嘴里只嚼不咽，要么半途吐出来弄得四处狼藉。每天吃饭都会令贝贝的爸爸妈妈头痛不已。

一般孩子最挑食的年龄是 1 岁左右到三四岁。而孩子挑食的形式五花八门：有的孩子拒绝吃固体食物，每天只喝牛奶；有的孩子只固定吃黄瓜、豆芽，其他蔬菜瓜果或肉类一概不吃；还有的孩子特别爱吃肉，每餐都必须有肉，而且由于懒于咀嚼，只吃肥肉；还有的孩子长到 10 岁，依然非常挑食。

挑食不仅会使孩子营养失衡，留下健康隐患，还会影响他们的智力发育。一项针对 12—33 个月大婴儿的调查表明，不挑食儿童的智能发育指数是 110 点，而挑食儿童的智力发育指数只有 96 点。可见，挑食不仅危害孩子的身体、智力发育，还会对孩子的一生造成不可逆转的损害。

我们都知道孩子挑食不好，每次吃饭都叮嘱孩子："每样菜都吃点儿，这样才能健健康康的。要不然长不高的哦！"可往往我们大人很着急，孩子却一点儿都不担心，"长不高就长不高呗！"看到孩子一副事不关己、若无其事的样子，大人的心里又急又恼。

该如何纠正孩子挑食的习惯呢？

◎ 纠正孩子挑食不能"威逼利诱"，要找到原因对症下药。

有的父母为了让孩子不挑食，变着花样给孩子做菜；为了孩子能多吃几口，不断地向孩子许诺"来，把青菜吃了，如果你这三天都坚持吃菜的话，爸爸就给你买变形金刚"；要么就硬逼孩子"快吃！我辛辛苦苦做饭容易吗？不许挑食，要是敢挑三拣四就不许你下桌"。

　　为了让孩子不挑食，父母可谓是软硬兼施了，可收效甚微。我们要纠正孩子挑食的坏习惯，首先就要找到孩子挑食的原因，然后对症下药进行引导教育。

　　有的孩子因为父母平时比较忙，只有在晚饭时一家人才能聚在一起，孩子就利用这个机会尽量拖延进餐时间，不仅吃得慢，而且越吃饭越凉。渐渐的，孩子的胃口受到影响，养成了挑食又拖沓的习惯。如果父母能够多些时间陪伴孩子，孩子就不会以这种牺牲自己健康为代价的方式来取得和父母多待一会儿的机会了。

　　有的父母为了让孩子乖乖地坐好吃饭，就开着电视让孩子看着，然后给孩子喂饭，觉得孩子这么安静又听话地吃饭省事省心省力。大人倒是省力了，可孩子就遭殃了。一面进餐，一面看电视的习惯会使孩子的正常进餐受到影响。孩子的眼睛盯着电视看，不知道自己吃的是什么，也不会在意自己是否咀嚼好了，身体血液不能很好地帮助胃蠕动来消化食物，还要分一部分到大脑去帮助脑部、眼部分析视觉信息，这样一心二用的方法是孩子消化不良、吸收不好的罪魁祸首。当然也是造成孩子挑食的重要原因。所以不能让孩子养成边吃饭边看电视或边玩耍的习惯，该吃饭就好好吃饭，专心地吃饭。

◎ 耐心引导孩子尝试多种食物，不强迫给孩子喂食。

有的父母见孩子挑食，这不愿吃，那不愿尝，父母就感到特别生气，认为孩子是故意找碴儿、有意刁难。父母还会用威吓的方法强迫孩子吃不爱吃的食物，这会加剧孩子对食物的反感，产生强烈的抵触情绪，并且让孩子感到吃饭是一件很可怕的事，以至于孩子对食物更提不起任何兴趣了。

当孩子挑食时，我们不妨采取商量的态度，鼓励孩子尝试新食物。如果孩子只偏爱某些食物，当他们不肯吃其他食物时，可以以少量孩子喜欢的食物作为对他勇于尝试的奖励。

父母还可以用语言赞美那些孩子不愿吃的食物，并带头品尝、做出津津有味的样子；或是以孩子最喜欢的人物作为榜样和标准，鼓励孩子向榜样学习："你知道运动员为什么长那么高吗？因为他们爱喝牛奶。牛奶能够补钙，让你的身体更高更强。"

◎ 要想引起孩子的食欲，需要父母做菜时费一番心思。

挑食这种不良的饮食习惯不利于儿童生长发育和身体健康，必须及早加以纠正。为了让孩子对食物"无可挑剔"，父母在制作饭菜时需要费一番心思。

一是对米、面、菜料认真进行收拾整理，把米中含有的谷壳、砂粒、杂质等剔除干净；二是尽量注意用食物的色、香、味刺激孩子的口味；三是尽量把菜切得均匀，做到菜肴大小一致，色调和谐，味道一样，使孩子没有什么挑选的余地。

如果孩子特别钟爱某种口味的菜肴，比如糖醋排骨，我们在做菜的时候可以尝试少量地放一些其他食材在里面，鼓励孩子品尝。

◎ 做到八个"不"才能纠正孩子偏食的习惯。

绝大多数孩子不是生来就存在偏食习惯的，孩子偏食往往是不良的饮食习惯造成的。饭前吃零食、吃饭狼吞虎咽、看到自己喜欢的菜就大吃特吃、大人看孩子吃得慢就追着喂饭、孩子一边吃一边玩、一边吃一边笑、经常性剩饭，等等，都会造成孩子偏食。所以，要坚持八个"不"，即不贪零食、不偏食、不快食、不暴食、不追食、不玩食、不笑食、不剩饭。只有把这些不良的饮食习惯改掉了，才能从根本上纠正孩子偏食的习惯。

35. 让孩子做游戏的主人

父母辛苦一天，回到家后看到活泼健康的孩子，心里顿时会觉得自己再苦再累都是值得的。不少父母都会选择在晚饭后和孩子一起玩。可常常玩着玩着，孩子就不愿意参与了，甚至嘟着嘴说："游戏不好玩，不跟你们玩了，你们真没劲。"父母会觉得自己辛苦忙碌一整天，下班回家还要做饭刷碗，累得懒得说话了还不得不应孩子的要求给他讲故事；坐了一天，腰酸背痛的还要和孩子摸爬滚打玩得一身臭汗，结果还落个没劲，心里真挺憋屈。

我们大可不必被孩子的一些"说法"给迷惑了，孩子经常会说"我讨厌你""你走开""你真没劲"这样的话，这些话让父母听起来觉得很伤心。其实，孩子这么说很大程度上是为了表达自己的情绪和不满，可能他是想说："别让我睡觉，我还没玩够""你又来让我吃那个难吃的鱼肝油吗？我真的吃得恶心。"他说游戏"不好玩""没劲"，其实是想说："爸爸妈妈，你们要按照我的安排来做游戏！你们不听我的，我懒得和你们玩了。"

父母不顾劳累还陪着孩子，却得不到孩子的体谅，这确实令人伤心，但孩子为什么出言伤人呢？孩子这时候不一定是觉得游戏不好玩，而是在于父母让游戏变得好玩的技巧上出了问题。或许父母在游戏中没有听孩子的表达，或许是父母单方面控制了游戏，让孩子不舒服，或许游戏中有艰难的地方，让孩子不愿意去面对。这些都会让孩子拒绝继续游戏。父母应当了解孩子内心对游戏的期望，以及他发现的问题和遇到的困难，这样才能让游戏快乐、顺利地进行。

◎ 把游戏还给孩子，只做参与者，不做控制者。

孩子才是游戏的主体，这是毫无疑问的。如果没有孩子，两个大人不可能会去玩"过家家"的游戏。真正要玩游戏的人是孩子，所以父母要把对游戏的控制权交给孩子。如果孩子正在搭建积木，爸爸非说积木下面应该建得厚实牢固一些，上面的积木才站得稳，于是动手拆掉孩子搭建的上层建筑。爸爸认为自己是在帮忙，而孩子偏偏就要一杆上天。爸爸当然没错，但是如果为此争执下去，一定会弄得不欢而散。

如果父母不给孩子机会尝试，他就会习惯于受控于别人，尤其当大人做得比他好的时候，他就会慢慢失去主见，愿意依赖大人的建议，甚至只喜欢看大人来玩游戏。这肯定不是你想达到的目的。把游戏还给孩子，自己做个配角，你当然可以给一些建议，但也只是建议，不能支配。你可以推动游戏发展，但是你不能推翻游戏。

◎ 和孩子一起沉浸在游戏的欢乐中。

如果父母在孩子主导的游戏中显得懒洋洋，很应付的样子，孩子也会对你这个合作者失去激情。所以既然要和孩子玩，就要投入地玩，并不要求父母一定要装得像个小孩子，但必须要有一颗跟孩子一样的心。

如果孩子在游戏中把泥沙装进他脚踏车的后备厢里，你气愤得大声声讨孩子不懂得爱惜物品，把东西弄糟、弄脏，这就只能说你缺少童心了。或许孩子是把自己的童车想象成是翻斗车，要"运送货物"，要去"铺桥修路"等。你的"大人境界"可能打断了孩子的美好想象，难怪孩子会埋怨你"没劲"了。

即使你不能有那么一颗神奇的童心，也没有关系。只要你肯多问问你的宝贝"这是什么""你在做什么""怎么做"等问题，你就有机会投入到宝宝的世界里，跟他打成一片。

◎ 在游戏中不要急于对孩子提供帮助。

通常来说，孩子是愿意跟父母玩的，因为父母不会耍小孩子脾气，不会和他抢玩具，还能够无所不能地提供种种帮助。但是，父母要记住孩子才是游戏的主角，父母为孩子提供帮助的前提，一定是孩子真的已经尝试了很多方法却无法解决。

在孩子遇到困难的时候，父母可以先给他提供一些建议，然后再提供技术和力气上的帮助。有的智力游戏，让孩子觉得有难度了，而失去了兴趣。这时父母就可以提供一些好的建议，或者将游戏分解成孩子能接受的几个步骤，引导孩子逐步完成。

36. 记得把东西放回原处

你是不是已经习惯跟在孩子后面帮他收拾玩具？是不是一边唠叨"怎么不知道收拾？简直像个垃圾场"，一边或跪或趴地在地板上帮孩子整理散落一地的书本？你是不是抱怨"家里像刚被打劫的案发现场"又不得不趁孩子睡觉时赶紧把玩具归位？最好赶紧戒掉这个习惯，因为你今天为孩子收拾玩具，明天就要为他收拾书包，将来还要为他打理公文包，很可能成为他一刻也离不开的全职保姆。现在起，我们面对"垃圾场"一样的房间要压制住收拾清理它的冲动，把这件原本就属于孩子自己做的分内之事留给他自己处理。

妈妈正准备晚餐，见小月在客厅画画，可地板上、沙发上、椅子凳子上，到处都是小月摆放的玩具、书本。妈妈看到头都大了，马上叫小月赶紧整理好。

小月说："妈妈，我马上就画完了，一会儿再收吧！"

妈妈一听就有些生气："'马上'是多久啊？叫你收拾就赶快动手，别什么事都指望妈妈来帮忙。你自己看看，家里就像个垃圾场！"

见小月噘着嘴，依然舍不得放下手中的画笔，妈妈更生气了："我说你耳朵怎么不听话啊？你都 5 岁了，自己的东西搞得乱七八糟不知道收拾，你要等我来收拾的话，我直接都扔垃圾桶！我命令你必须、马上、快点儿收拾！"

小月含着眼泪，依依不舍地放下画笔，默默地开始收拣散乱的玩具。

很多孩子都和小月一样，不会把自己玩过的物品及时放回原位。不仅不会收拾玩具，还不断地拿出更多的玩具，制造更大的混乱，这让爸爸妈妈感到很头疼。有时候，父母提醒孩子收拾玩具，孩子不乐意或是收拾得很缓慢，父母又不得不弯下腰来帮孩子收拾。久而久之就成了孩子玩好了之后一拍屁股走人，留下的烂摊子由父母来收拾。

为什么孩子喜欢玩玩具却又不愿意把玩具归位呢？

有的父母看见孩子把家里搞得乱七八糟就很生气，要求孩子马上收拾。孩子被强迫着收拾玩具，完不成还可能受到惩罚，这让孩子对这项工作产生了反感。

有的父母让孩子收拾一些比较大的玩具，比如让孩子把他拉下来的大抱抱熊放回到沙发上去，孩子个子小、力气小，抱起来很吃力。这让孩子在尝试多次都失败的情况下，认定自己肯定无法完成这项任务，感到很灰心，很有挫折感。如果父母看到孩子憨态可掬地竭力想抱大熊到沙发的样子哈哈大笑，孩子或许会感到更难过，觉得自己很没用。

有的父母希望孩子做事有始有终，孩子玩玩具的时候就提醒孩子要收拾。让孩子独立处理自己的事情，这个出发点是好的，但父母们往往急于求成，今天让孩子收拾积木，明天就要把看过的书分门别类地放回书柜。孩子初学收拾玩具的时候，不可能一下就把所有的步骤都完成得很顺利、很完美，父母笼统而迫切的要求往往让孩子对收拾玩具这件事产生抵触心理。

还有的父母常常到了临吃饭或是临睡觉的时候才对孩子说："快收拾玩具！吃饭了！""马上把你看的图书收拾好，去洗漱睡觉！妈妈要生气了！"孩子在这时候正玩得高兴，怎么可能一下子停止，立刻收心结束游戏呢？

以上种种情况，都是孩子不愿意收拾玩具，不愿意主动把物品归位的诸多原因。那么，我们应该怎么样引导孩子主动地、有条理地把东西或玩具放回原位呢？

◎ 父母以身作则，明确并确定物品的位置。

学龄前的孩子主要通过模仿来学习各种技能，如果父母能够对家里的物品收纳做出很好的示范作用，可以帮助孩子树立正确的物品归置观念。如果妈妈回家把钥匙乱扔，第二天上班到处找钥匙；爸爸习惯乱扔臭袜子，在妈妈打扫卫生时才从犄角旮旯翻出来，这些都是不好的表率。父母要对自己的私人物品摆放有序，按时整理，才能引导孩子合理处理他的物品。

我们要让家里的物品或孩子的玩具有固定的存放位置。由于学龄前孩子的秩序感很强，我们这么做是符合他们的天性特点的，让他们有足够的安全感。所有的玩具每次都能顺利找到，才能保证孩子每次取用的玩具从哪里拿来放回到哪里去。

◎ 让孩子收拾玩具也要讲究方法。

我们不妨使用一些策略，引导孩子主动把物品归位。

我们可以和孩子一起，一边收拾玩具一边学习。比如，和孩子收拾积木的时候可以给孩子安排任务，让孩子负责收拾圆形积木，而妈妈收拾方形积木玩具；或者孩子负责收拾蓝色的积木，妈妈收红色的积木玩具。这样的分工合作，加入了形状、颜色等概念，让孩子在家务活动中提高了学习兴趣，一举两得。

我们还可以利用孩子的童心，把收拾玩具变成游戏的形式吸引孩子来参加。比如，让孩子参与"帮玩具找家"的游戏，把娃娃放回她的卧室里，并且把属于娃娃的化妆品、服装鞋帽等也放到她的盒子里，方便娃娃下次打扮。"请你把毛绒玩具放到小整理箱中吧！因为它们的毛毛太多了，好怕热，在整理箱里面它们可以喝喝茶、聊聊天。"把小摆件放到沙发靠背或墙角去，"让它们排成队听你上课好吗？"利用孩子贪玩的天性，我们用一些童言童语让孩子不觉得收拾玩具是很乏味的负担，相反还能提高他的积极性。

当然，对于有些比较调皮、顽劣成性的孩子，有时候也不得不使用一点小小的惩罚。比如，把孩子不愿意收的玩具藏起来，让孩子一时半会儿找不着，让他体会到那种失去的感觉，并且告诉他："你不肯收拾自己的玩具，没有送它回家，它觉得伤心生气了，躲起来不想见你了。"等孩子意识到自己的"失职"之后，再把玩具还给他，让他学会珍惜玩具，并且把这份珍惜投入到收拾玩具中去。

我们也可以让孩子看一些关于"收纳整理"方面的儿童

读物，比如《婴儿画报》里的《玩具回家了》等故事。我们可以和孩子一起阅读这样的图书，鼓励孩子将书中的故事主角作为自己的榜样，并对孩子表现出来的收纳行动及时予以赞扬。让孩子感到自己"今天的动作比昨天快了一些""上一次忘记收小汽车了，这一次我收好了妈妈就表扬我了"让孩子对自己每一阶段的进步都充满信心，这样才有更大的热情投入到收纳玩具乃至整理家务的活动中。

37. 挑对书，养成爱阅读的好习惯

孩子出生之后，在父母的精心养育下逐渐成长，随着孩子的大脑发育和身体各项机能的健康发展，逐渐对自然界的一切物体发生兴趣，并且积极地想深入其中，了解世界的奥秘，于是，图书就是他们了解世界的最基础的窗口。

一本有趣的图书，不仅能使孩子通过书的材质、色彩、内容、图片等认识世界，还能刺激孩子的视觉发展，促进大脑的健康发育，达到开发智力，陶冶孩子品德和情操的作用。

一般而言，2—3 岁的孩子就开始表现出对看图片和画册的兴趣。那么，作为父母应该怎样为学龄前的孩子选择适合他阅读的图书呢？

◎ 根据孩子的年龄特点选择适合孩子阅读的图书。

目前，市面上的图书种类繁多，令人目不暇接。而近年来，我国儿童图书的发展也极为迅速，不仅有故事性强、引人入胜的卡通故事书等读物，还有具有较强思想性和艺术性、图文并茂、贴近生活、寓教于乐的知识型书籍，如低幼儿童的科学常识书等。这些书籍都有助于孩子健康成长，能够在潜移默化中促进孩子全面发展。

对于学龄前孩子而言，我们要根据孩子的年龄特点，有针对性地选择适合孩子阅读的图书。一般而言，年龄越小，思维越有具体性、直观性和形象性。所以，对于0—3岁的孩子家长可以选择一些色彩鲜艳，内容生动的低幼图画刊物。这种图画刊物能够在有限的读本里为孩子提供各种各样的故事和广泛的知识，对孩子极具吸引力。

对于4—6岁的孩子，我们可以添置一些图文并茂的儿童书籍，以及以文字为主的深入浅出的知识性书籍，比如历史故事、科学知识等。父母可以开辟一些亲子阅读时间，引导孩子进行阅读，对孩子不能理解的部分进行明晰直白的解释。

◎ 选择以积极上进、鲜明个性为特点的图书。

很多优秀的故事图书中都有一到两个积极上进、爱憎分明的主角形象。由于学龄前孩子的模仿能力很强，这样的正面主角能够成为孩子学习、模仿的好榜样，可以让孩子不断汲取精神营养，从而健康成长。通过这样的主角，能够让孩子把自己的现实状况与主角相对照，以自己的日常生活、思想状况、喜怒哀乐等对照书中的主角，找到解决成长道路上遇到的各种问题的方法；能够帮助孩子在错综复杂的现实生活中，逐渐克服自身的各种弱点和缺点，从幼稚逐步走向成熟，变得更加独立、坚强。

但父母要注意的是，这类形象必须坚持艺术的真实性原则，从生活实际出发，给人以真实感觉的人物。这一点对于4—6 岁的孩子尤为重要。因为他们的生活经验已经远远多于0—3 岁的低幼年龄段的小宝宝。此时的他们已经不像小宝宝那样完全被幻想所包围，而是感受到了幻想与现实的差距。他们相信"圣诞老公公"的存在，却明白"人是不能飞的"；他们知道"吃了毒苹果还能复活的白雪公主"只能出现在童话故事里；他们更知道"普通人像灰太狼那样飞到高空又掉下来"会真的摔死。所以，父母在给孩子选择图书的时候，要向孩子说明或者强调，书中的主角不是真实存在的，只是美好的故事；对于书里人物的种种举动，如从高楼跳下、吞下尖利物品等行为是不能随意模仿的。

◎ 选择情节简单、主角较为单一的图书。

父母在为孩子选择图书时，不要以成年人的眼光来看待图书的内容，要以孩子的思维来挑选图书。儿童作品中的主要角色最好比较单一，尽量不要超过三个，要不然会让孩子在阅读时感到混乱，无法理清人物关系。此外，为孩子选择情节比较简单明晰、人物相互间的关系不宜太错综复杂的读本。那些情节曲折、人物关系复杂的故事虽然跌宕起伏，引人入胜，但对于学龄前的孩子而言却太过复杂难懂了。

对于一些中长篇的外国儿童文学作品，父母在为孩子阅读的时候可以考虑分部分阅读与省略人名相结合的方式。比如，今天为孩子朗读 10 页，然后对这 10 页进行小结，明天或是下一次再接着阅读。

有的外国儿童文学作品中，主角名字较长，父母可以简单地念出前两个字或后两三个字就足以代替这个人物在孩子心目中的形象了。比如，一个小松鼠的名字叫"佛洛普希莫浦西妮娜"，我们在阅读时可以简略地把这个小松鼠称作"妮娜"，便于孩子记忆，增加故事情节的明晰感。

◎ 尽量陪孩子一起阅读。

不少妈妈反映甚至抱怨孩子总爱听一个故事，即使反复听几十遍也不感到厌烦。常常是爸爸妈妈都可以倒背如流、极为厌烦了，而孩子却依然饶有兴味地要求继续听。孩子的这种表现是学龄前孩子的正常心理需求，他们对图书上的故事往往会百听不厌，总爱要求父母重复地讲。所以，父母在讲解时要尽量运用规范的语言照着文字念，尽可能让孩子把看书与学习汉字结合起来。当孩子已经基本掌握图画的内容时，可以提出问题或要求孩子讲给父母听，这样既可以锻炼孩子的记忆力和语言表达能力，也对孩子思维能力的提高大有帮助。

值得注意的是，父母按照文字念书的节奏不要太慢，过于缓慢会延误孩子对前后文衔接的时间感，所以我们经常看到一些妈妈指着书上的字逐字逐句慢慢念，而孩子早就等得不耐烦，老着急地想翻到下一页。

还有的家长在给孩子念书的过程中过于注重孩子能从书里学到什么，而忽略了孩子对故事整体性的感知。比如，有的爸爸在给孩子念书的时候，每翻几页就会追问孩子："爸爸讲的是哪两个动物的故事？"甚至还会问："刚才故事里猴子想吃的水果，用英语应该怎么说？"由于不断打断故事的讲述，孩子特别烦躁，哭闹着不愿回答爸爸的提问。而爸爸却又怪孩子理不清人物关系，"眼睛看着书，心里想别的，没有专心听。"试想，对于迫切想知道"下文"的孩子而言，不断地停止或打断故事的进度，无异于不停削弱这个故事对孩子的吸引力，使孩子逐渐失去阅读的乐趣和兴趣。

◎ 引导孩子养成看完书及时归置的习惯。

不少父母反映，孩子倒是喜欢看书，可就是看完一本丢一本，在家看一会儿书，弄得沙发上、地板上到处都是，叫他归置整理，他却说自己忙着看书呢。即使偶尔为了换书往返于书柜与书桌，也对躺在地上的书视而不见，真拿他没办法，最后还不得父母收拾。更气人的是，父母这边收拾，那边他又"摆摊"了。

以上情况是孩子一种不良的阅读习惯的表现。良好的阅读习惯不仅包括阅读姿势、享受阅读乐趣等，还包括爱护图书以及阅读之后把书放回原位。在平时生活中，父母不要对孩子完全包办，要坚持让孩子自己整理属于自己的书本，如果因为他的原因找不到要看的书了，可以提醒他书在哪个地方，但不能为他代劳，帮他找出来，要让他明白：只有自己收拾规整的物品，才能随时被自己找到。

38. 帮孩子改正粗心大意的毛病

不少孩子在考试时常常由于粗心大意出现看错题目、点错小数点等问题造成丢分；不少成年人也常常因为粗心大意发生许多或尴尬或惊险的事件；不少重大的事故也是因为成人粗心大意的疏漏造成了难以挽回的局面。可见，粗心大意并不是孩子的专属毛病。注意力不集中，没有形成良好的及时检查、及时纠错改错的习惯，正是造成粗心的根源。

有家长纳闷："6 岁以下的孩子有什么粗心的事呢？我怎么没发现呢？"或许我们并没有注意到孩子刚玩一个玩具，叫他洗手时他顺手放在了沙发上，洗手回来之后到处寻找，就是不记得刚才放在哪里了；或许我们没有注意到孩子给芭比穿小鞋子，穿上了一只，而另一只攥在手里却还哭闹着到处翻找；或许我们没有注意到，5 岁的孩子总是把裤子的前后弄混，即使妈妈教过"有商标的穿在后面"……

我们忽略了孩子在生活细节中的种种"马大哈"表现，简单地把一切归咎于"孩子太小，记性不好"。如果我们不关注孩子的日常细节表现，放任孩子逐渐养成粗心的毛病，没有养成良好的习惯和责任意识，那么会对孩子以后进入学校、正式开始学习各种学科知识产生不良影响。坏习惯一旦养成，极难纠正，而且它的惯性十分强大，会让孩子在幼儿园、小学、初中乃至以后的生活都被粗心大意的阴影笼罩，对自己和他人带来损失，甚至灾难，更会给自己增添精神负担和烦恼。

我们不能把"孩子小"作为他可以粗心大意的借口，而应该趁着"孩子小"而抓住机会用正确的方法帮助孩子尽量改正粗心的毛病，减少由粗心造成的失误。

◎ 培养孩子细心做事的习惯。

学龄前孩子心理不够成熟，从思想上给孩子灌输一些大道理显然不合适。即使孩子认真听了，也不会起太大作用。所以，要从孩子身边的小事开始，循序渐进地培养并要求他细心做事，养成细心的好习惯。比如，提醒女孩子把从头上拆下的发夹、头绳等放在固定位置，第二天由孩子亲自取用；协助孩子并逐步让孩子独立养成把用过的物品"物归原处"的习惯；在给孩子阅读故事书的时候，读完一则小故事，尝试就书中的细节逐一询问孩子……从心理学的角度讲，这么做就是在不断地强化记忆练习，给孩子的大脑皮层施加信号，久而久之，这种信号就会使孩子由此及彼、由小到大，慢慢地习惯就会成自然。

◎ 多理解、表扬孩子，少打击孩子。

有的父母一看孩子粗心大意做错了事情，就大吼大吵，这么做不仅不能产生好的效果，反而会让孩子产生一种不健康的心理。

3岁的孩子常常因为着急出门玩而把鞋穿错，有的父母就嗔怪孩子"贪玩，这么大了还分不清左右脚，真够粗心的。"不少父母因为孩子的粗心大意而责备甚至打骂孩子，一遍遍地说："你怎么这么粗心？""你就是个马大哈！""丢三落四的，怎么不把自己给弄丢呢？"这样的责备其实都在不断地强化他的粗心。如果我们在孩子粗心的时候予以提醒，或是用眼神、表情来表示大人的着急和担心；或是不理睬他的大意，淡化他的粗心，而在孩子偶尔不粗心的时候马上表扬他。这样逐步淡化错误而强化细心，反而会让孩子重拾信心，慢慢变得细心起来。

◎ 锻炼孩子的专注力，不要随意打扰他。

有的孩子看一会儿书，可很快就坐不住，又翻箱倒柜找玩具，可玩具没玩几分钟就开始搭积木，而积木刚搭两块又拿笔画画……我们时常看到这样"忙碌"的孩子，还常常看着孩子上蹿下跳的身影感叹："小孩儿的精力就是旺盛啊！"不少孩子确实是因为没有找到自己特别喜爱的玩法，所以才不停地尝试各种玩具或游戏。但是，如果孩子养成了这样的习惯，从来不安安静静地把一个游戏完全结束了再玩下一个游戏，这就要引起父母的注意了。

学龄前孩子的注意力极易受到各种干扰，我们要引导孩子安心而专注地投入到一项游戏活动中去，不能放任孩子养成一心二用或没有定力的坏习惯。所以，在日常生活中，父母要避免干扰孩子的游戏，不要在孩子专心画画的时候让孩子"赶紧去把地上的玩具收拾了"；也不要孩子正在搭积木的时候在旁边看电视，分散他的注意力；更不要在孩子对着一件物品"发呆"的时候马上阻止他，打断孩子正在进行的观察或思考。

虽然粗心的是小孩，但是原因却出在父母身上，父母们不合时宜地打断了孩子专注的情绪。久而久之，孩子就会养成注意力不集中的坏习惯。所以，我们应该给孩子充足的时间和空间，让他自己自由地去观察、去思考周围的世界，不要随意打扰他。

孩子成长的不同年龄阶段，其特征、需求不同，所以要根据孩子的生理年龄、心理年龄选择洽当的接触方式与沟通语言。

第七章

沟通：
良性互动为亲子沟通打基础

39. 引导孩子口齿伶俐地表达自己

很多父母看到自己的孩子到了该说话的时候还是吐字不清就会特别着急，其实每个孩子说话的时间并不一样，父母往往只关心孩子能否说话，只要孩子会说话之后能够表达自己的想法就够了。这样的父母只是关心孩子的语言发育是否正常，而忽略了孩子语言发育的持续性发展。

说话是必须的，能表达自己的需求和情感是进一步发展，而能够口齿伶俐地用准确而恰当的言语表达自己，才是孩子语言能力发展的高级目标。

丁丁学说话的速度十分惊人，好像昨天他还只会叫"妈妈"，而今天他就会蹦出一些词或短句，来表达自己"肚子饿""想睡觉"的想法和要求了。一方面，这让妈妈感到十分欣慰：因为儿子从此以后可以表达自己的意愿了，妈妈再也不用像以前那样猜很久也不明白儿子说"肚肚"到底是什么意思了；但另一方面，让妈妈感到失望的是，虽然儿子可以清楚地说："我要吃面包。"但在外形类似而口味迥异的紫薯味与巧克力味的面包之间，儿子的表达却依然让妈妈很头痛，当儿子无法找到词汇来表达他的想法时，他仍旧只能又踢又闹。

孩子学会说话，只是一个"开始"，孩子的大脑在 10 岁前捕捉和反馈信息的能力比一生中任何一个阶段都要强。在这个阶段中，孩子会不断地拓展词汇量，通过与人交流不断吸取经验，在沟通中逐渐灵活地掌握语词运用的技巧，更加精准地表达自己的感受。而一个善于用语言表达情感的孩子能够引起倾听者的共鸣，更容易获得帮助。

◎ 足够的语言刺激，才能使孩子积累足够的词汇量。

美国儿科学会提出过如何陪伴的孩子的方式，其中让孩子更聪明的方式之一，就是"Time for talk"。也就是说，想让孩子更聪明，家长就要增加和孩子的聊天时间。这一观点中，孩子的身份类似于家长的"忠实听众"。孩子小的时候或许听不懂我们说的每一个字是什么意思，但语言和思维能力已经开始慢慢被激发了。父母和孩子说得越多，相应的，孩子接收到的信息与词汇量也就越多。

当然，为了让孩子口齿伶俐地正确表达自己，除了多对孩子说话之外，更要注意用语的准确性，并且要及时纠正孩子的不恰当用语，让孩子在一次次实践中逐渐掌握使用语言的技巧。

◎ 让孩子多说，可以锻炼孩子的语言表达能力。

日常生活中，大多数时候都是父母对孩子说话，而很多父母对孩子说话的目的仅仅是需要确定自己说的话让孩子听到了，或者得到孩子"是"或者"不"的答案就足够了。如果在孩子多听的基础上再引导孩子多说，这不仅可以锻炼孩子的语言表达能力，还能使孩子在说话的过程中或多或少地透露一些隐藏得较深或是不知道该如何用语言清晰表达的意思，能够让我们更好地了解并确定孩子的心理需求，及时满足孩子的合理要求，避免孩子由于语言障碍而造成的亲子误会。

父母不妨让孩子参与一些与他相关的家庭事务的决策，让孩子表达他的想法。比如，对于低幼的孩子，父母可以询问："宝宝乖乖玩，妈妈煮面条好吗？"或是"爸爸陪你，妈妈买菜，很快就回来，行吗？"

　　对于大一点儿的孩子，可以询问："你的餐椅平时不用的时候，我们把它搬到冰箱旁边怎么样？或许你有更好的安置办法，说来听听。"父母提供一些开放性的、引发性的话题让孩子以这一话题为中心，表达自己的真实想法和感受，或许孩子说："我就想放餐桌旁，那是它原来的位置。"妈妈可以引导孩子："餐桌附近的地方比较窄，你看，奶奶身体比较胖，每次从那里过都挺难受的，我们能不能心疼奶奶，把餐椅挪个地方呢？奶奶很感谢你的，而你的餐椅也会很高兴可以参观屋子里的其他地方。"通过耐心的引导，孩子不断地说出了他的主意或打算，一个事情就在妈妈和孩子间的对话中得以解决，比妈妈直接把餐椅搬走引起孩子不满或哭闹更有意义。

　　◎ 控制孩子看电视的时间，多给孩子朗读故事或儿歌。

　　语言是一种符号，每个词语都与特定的事物或动作相对应，当我们使用语言时，头脑中就会相应地出现事物的形象，再通过语言联系到它的含义，这种从抽象的语言到具体形象的思维过程十分有利于孩子的大脑发育。

　　而对于电视而言，语言所提及的内容基本上已经被画面展示得淋漓尽致，特别是动画片，尤其是无声动画之类的默片，已经把所有信息用形象的画面高度概括了，这样必定会限制孩子对词汇的想象和思考。孩子在 6 个月以后，就能看懂简单的电视节目。一旦让他们坐在电视前，他们会非常安静地一直盯着电视看，而不少妈妈还为此感到高兴，宝宝那么小竟然能如此安静而专注地观看电视节目，真是太乖了。这样对孩子好吗？如果他们长期如此，那才是麻烦的开始。

无论电视节目的声音是多么动听，但毕竟是单向的、机械的，而真实生活中人的声音是可以互动、悦耳和谐的。如果孩子的耳朵适应了机械的声音，就会导致他们对父母的声音渐渐失去反应，习惯性地不作任何主动的反应，从而丧失和真实生活中的人交流的能力。现实生活中就有许多"电视迷"宝贝，到了 3 岁仍旧不会说话。因为他们的语言智能已经由于缺乏使用机会而日渐停止进化，甚至出现退化，部分受电视损伤比较严重的孩子，甚至可能出现自闭症的倾向。

所以，在日常生活中我们要控制孩子看电视的时间，多给孩子朗读故事或儿歌，在阅读中培养孩子对文字、词汇和语言的感觉，不断增加词汇量。在故事情节的帮助下，使孩子自然而然地领会词汇的含义和用法，让孩子逐渐积累并丰富他的词汇储备，以便孩子随时随地根据自己的需要进行选择。

40. 别对孩子说反话

在平时的日常生活中，我们经常会听到有很多父母对孩子说反话。有的父母觉得说反话很幽默；有的父母是把对孩子的爱通过嗔怪的"小丑丑""臭丫丫"这样的语言来表达；有的父母认为说反话更能刺激孩子，使孩子得到教训；有父母认为这样做有利于表达他们强烈的情绪。不管父母出于什么原因对孩子说反话，这种方式对于学龄前的孩子而言是不太适用的，因为以学龄前孩子的理解和接受能力而言，反话对于他们来讲不仅起不到很好的教育作用，还会影响孩子对是非的判断。

> 3岁的虎子不小心把面包片掉地上还踩了一脚，没法吃了。妈妈过来收拾，一边处理地上的面包渣，一边生气地对虎子说："看你干的好事！"虎子完全没有明白妈妈的意思，所以在第二天吃早餐的时候，他故意把面包掉在地上，一边踩着面包，一边兴奋地叫妈妈："妈妈快来呀，我又干了一件好事了！"

2—4岁的孩子正处于语言发展、逻辑思维发育的关键时期，虽然他的词汇量与日俱增，表达能力也突飞猛进，但是对于语意甚至寓意的理解仍然还处在发展中，所以经常会出现词不达意的现象。如果父母经常对孩子说反话，孩子就会感到很困惑，要么就会曲解父母的话语，认为父母是在夸奖自己。这样不仅不利于孩子理解能力的发育，也对孩子将来判断是非产生混淆和干扰。而且父母生气的表情和让孩子听起来夸赞的语气，让孩子无法猜测到家长真实的意思，不利于亲子之间的沟通。

  萱萱是个爱哭的小姑娘，经常因为一些小事落泪。妈妈总是耐心地劝说。但时间长了，妈妈也感到很心烦。终于有一天，在萱萱觉得妈妈给她编的辫子不是自己想要的那种，又号啕大哭起来的时候，妈妈发脾气了，对萱萱说："你哭吧！使劲哭吧！哭个够！"萱萱听了妈妈的话，真的歇斯底里地哭起来，哭得小脸通红、满头大汗。不过却很快停止了，不需要妈妈哄，不需要爸爸抱。妈妈觉得，说反话效果很好，于是经常在萱萱哭闹的时候这么刺激孩子。

  在和别的孩子玩耍时，碰到有同伴哭了，萱萱也不像以前那样过去安慰同伴了，而是对别人说："哭吧！你使劲哭，哭个够！"同伴们很诧异萱萱的做法，觉得萱萱一点儿都不关心别人，渐渐地没有人喜欢和她在一起玩了。

父母也是普通人，也会在孩子特别调皮的时候被孩子的无理要求或言行激怒，在父母一忍再忍下，有的父母选择了动手惩罚，而有的父母则会在一气之下说些不适当的话来发泄自己的情绪。这些都是在所难免的。可是对于学龄前的孩子而言，他对父母的反话刺激没有正确的理解，他的语言能力还不足以判断"正话"与"反话"的区别，听不出父母的言外之意。孩子完全只是出于模仿的本能套用父母的用法，在和同伴交往的过程中不当使用，让别人产生了错误的想法，认为孩子没有同情心，让孩子在不知不觉中失去了朋友。

当然，说反话也并不是一无是处，正话反说能够在一定程度上缓解孩子的心理压力，为家庭带来一定的幽默气氛，适当运用还能对抗挫折感。如果孩子正在为辛苦搭建的积木一次次倒下而大发雷霆时，我们对他说："大楼好累啊，都累趴下了呢！"或许孩子就不会再为一次次失败而难过了。

对于 4—6 岁的孩子而言，他们已经进入了"竞争期"。孩子在这个年龄段中，比 3 岁以下的低幼孩子在心理上表现得更加好胜、好强，同时还特别叛逆。如果与这个年龄段的孩子在交流中适当运用反话，可能会受到意想不到的良好效果。比如，孩子不愿上幼儿园，妈妈说："那正好啊！不去就不去吧，正好给我省了学费。"而叛逆心强的孩子却赶紧说："我就要去上学，才不给你省学费呢！"父母通过故意挑起孩子的好胜心，给孩子营造了一个竞争的范围，正好刺激了孩子，是正话反说的使用达到了正面的效果。

但是，总体而言，对于学龄前的孩子，正话反说不仅不适合每个孩子，而且也不能随时使用，必须根据孩子的年龄段和性格来判断。这给父母造成了不少困扰。所以，为了谨慎起见，还是尽量少用反话来"激将"。毕竟反话说多了，还是会在一定程度上影响孩子的是非观念、行为规范的形成。

学龄前阶段是孩子发展自我意识和语言能力的关键时期。近期，发表于《柳叶刀》子刊的论文指出，据上海儿童医学中心团队研究估算，普通话背景儿童发育性语言障碍患病率为 8.5%。这相当于每 11 个孩子中，就有 1 个有儿童发育性语言障碍——该数字明显高于目前公众更为熟悉的"多动症"的发生率（5.7%）以及自闭症的患病率（7‰）。孩人听不懂别人的话，也不能表达自己的想法，对于那些艰涩的词组或者反语以及双关语就更难以理解了。所以，在孩子语言发展期间，父母尽量不要用反话让孩子困惑，而要用一些积极、正面的引导甚至辅以肢体语言让孩子明白家长要表达的意思。也不要用反话来刺激孩子、伤害孩子，而应当给予孩子更多的爱，让孩子慢慢建立起良好的规则意识。

41. 照顾孩子的自尊心

美国的詹姆斯·杜布森博士曾说："有千百种方法可以让

孩子失去自尊心，但重建自尊却是一个缓慢而困难的过程。"孩子的心灵是非常脆弱的，父母应该悉心关爱、认真呵护。只有这样，孩子才会感觉自己受到尊重，才能拥有自信心，才能展现出最佳的自我。如果父母忽视孩子的自尊心，对孩子任意批评、指责，孩子就容易变得自卑，甚至对父母产生憎恨、敌对的情绪。

照顾孩子的自尊心，需要父母在细微之处下功夫。因为父母是孩子的第一任老师，父母在孩子面前展现的每一句话、每一个举动、每一个表情，都有可能深深影响孩子的心理发展。

> 妈妈带悠悠学习少儿美术。下课后，妈妈走进教室，看见黑板上挂着许多老师甄选出来的优秀作品，不少孩子和家长正围着这些作品欣赏着。而妈妈却注意到悠悠已经把自己的画折叠起来并压在了画笔盒下面。

> 看到妈妈走近身边，悠悠一手拿着画和画笔，一手拉着妈妈就赶紧往外走，似乎一刻都不愿意在教室里逗留。妈妈心领神会地紧跟着悠悠，并且一路上并没有追问悠悠到底是什么事情。

> 晚上临睡前，悠悠才主动告诉妈妈，因为自己的画不够好，没有被老师选为优秀作品。妈妈明白

了悠悠受到的挫折，轻轻抚摸她的头说："你能每天坚持画一幅画，每周上两次课，已经是很有毅力的孩子了。妈妈相信你的作品一定能被老师选上的。"

儿童的自尊心是在日常生活中逐渐培养起来的。这需要我们从细微之处做起，从点滴做起，多站在孩子的角度体会孩子的感受，理解孩子的想法，做懂得体谅孩子的父母。悠悠的妈妈就做得很好。

◎ 接受并理解孩子对事物的敏感态度。

很多事情的发生对于心智成熟的成年人来讲，是不会放在心上的，比如，树叶一夜之间被风吹没了、公交车抛锚在路边了，这些在大人看来是很平常的事，而对于心地纯洁、感觉细腻的孩子来说却是了不起的大事。孩子可能会为一些成人认为无足轻重的事而伤心，会为失去所有树叶的大树感到难过，会担心公交车司机叔叔怎么回家，会对动画片中人物的悲惨遭遇伤心落泪……此时，父母要给予孩子理解，不要妄自以大人的评判标准批评孩子庸人自扰、杞人忧天。

◎ 不用命令的口气和孩子对话。

对于学龄前孩子而言，3岁以前的孩子心智发展不够完善，对大人讲的道理能听懂意思，但不一定能够理解并且自发地行动，父母可以明确地告诉孩子能做什么、不能做什么；3 岁以后的孩子自我意识增强，心智发展足以明辨是非。如果父母还是以对待低幼宝宝的命令方式对待渐渐长大的孩子，会使孩子感觉自己没有受到关爱，是一种伤害孩子自尊心的行为，不利于孩子自尊心的发展。

◎ 不把自己的孩子与别人的孩子作比较。

把别人的孩子与自己的孩子相比，或者用别的孩子的优点来刺激自己的孩子，这是最容易伤害孩子自尊心的教育方式。

虽然父母的出发点是好的，希望自己的孩子能够在与人对比中明白差距、获得激励并积极进步，但经常对孩子采用这种不恰当的教育方式会使孩子形成"我比别人差"的潜意识，从而使孩子的自尊心始终处在一个受伤的状态，会导致孩子"破罐破摔"或是仇视那个被父母视为榜样、参照物的优秀孩子。

◎ 善于发现并关注孩子的进步。

孩子每天都在成长，每天的经历都是在获得积累，每天都能在语言、行为或思想的某一方面得到些许提高。积少成多就会出现大的飞跃。有的父母觉得孩子平时表现一般，怎么突然就开窍了，其实不是孩子突然茅塞顿开，而是父母忽视了孩子平时一点一滴的努力。所以，不能只在孩子取得成绩的时候给予肯定，而更要关注孩子平时的一些阶段性新感悟、新技能上的进步等，让孩子感到来自父母的关怀和鼓励。

　　◎ 避免说一些伤害孩子自尊的话。

　　"你也太笨了吧！""你怎么这么傻啊！""你真没用。""真是白养你了！""你要再这样，我就不要你了！"这些大人脱口而出的话不仅会严重打击孩子的自信心，伤害孩子的自尊心，还会使孩子对父母产生怨恨、敌对的心理，影响孩子的健康成长。

42. 不要突然打断孩子正在进行的事

　　回想一下，如果有客人到家里做客，无论我们的孩子当时正在做什么，家长是不是都要求孩子和客人打声招呼？孩子要是没有及时与客人见面、打招呼，我们还会提醒孩子："快叫叔叔阿姨好啊！快叫啊！"如果孩子还继续专注于他的漫画书或者小汽车，我们或许还会当着客人的面说："唉！这孩子真没礼貌，让您见笑了！"

有客人来访，作为主人，我们要主动迎接客人的到来并且打招呼，这在我们看来是一种礼貌。但是，我们往往没有考虑孩子的感受，不会考虑到那么做会打扰到孩子。难道教育孩子懂礼貌有错吗？答案当然是否定的，教育孩子讲文明、懂礼貌这都没有错，但如果在客人到来之前，提前和孩子约定好客人来访之后他需要做的事情，或者和孩子商量"客人来了之后就把漫画书收起来，和客人打了招呼之后，你可以回到房间继续看"。这样可以让孩子感受到父母的尊重，也可以避免孩子对未知情况的焦虑，让孩子能了解父母的安排，主动预知到之后将要进行的事项。

然而，很多父母都忽视了对孩子进行这样的"预告"，孩子在心理上没有做好将要被打断的准备，于是在经常性被突然打断、打扰之后，孩子的注意力变得不容易集中，精神处于焦虑的状态，就好像时刻等待着安静午夜可能随时会炸响的炮弹一样，虽然这样的比喻有些夸张，但对于孩子而言，当他一心研究着他的直升机模型、认真地为芭比娃娃穿衣梳头，如果此时被打扰了，他会觉得很沮丧，"就差那么一点点就好啦！"如果和客人们打完招呼再继续玩时，已经不是刚才那种状态和心境了。

现在，有不少"注意力培训机构"，是专门针对注意力不集中、总是"开小差"的孩子而设立。为什么有这么多孩子需要类似的专业机构来培训？我们可能会把原因归咎于孩子个性问题、环境问题，而无论如何都不会想到那就是我们碍于大人情面打搅孩子的缘故，是我们过度的关爱惹的祸，是我们充满爱意的一次次打扰犯的错。

著名教育家蒙台梭利曾说过："儿童在自然法则的感召下决定自己的行动。内部力量影响着他的选择。"如果人为地剥夺了"自然法则"的引导，孩子的性格发展、意志品质、精力毅力等方面都会受到影响，各方面的发展也会受到阻碍。因为，在孩子的世界里，即使那些在我们成年人看来十分"愚蠢而单调"的重复行为，也无不在影响着他们的心理。

对于学龄前孩子而言，作为父母，难道我们就由着孩子的性子来吗？他们都不会照顾自己，如果为了不打搅他搭积木而不提醒他喝水，恐怕他坐着玩一天都不知道主动找水喝。

其实，用一对小例子就能解开我们心中的疑虑。

> 猪猪正在搭积木，玩得很起劲的时候，妈妈在厨房里喊："猪猪，饭好了，快来洗手！"猪猪哪里肯歇手，嘴上回答"好"，可一点儿都不愿意挪窝。妈妈见猪猪半天没动静，喊了好多遍都也是只听其声不见其人，终于忍不住从厨房跑出来拖起猪猪的手臂，把孩子强拉起来。而猪猪看着快要完成的积木号啕大哭起来，还奋力反抗，竭力想挣脱妈妈紧

抓住自己的手。自然，这一顿饭，一家人吃得很不开心。

牛牛正在玩弄积木，把一箱积木倒在地板上搭桥砌屋，玩得很高兴。妈妈走过来看见他玩得这样开心，称赞他搭的楼房真棒。牛牛也很兴奋地指着一地的积木向妈妈解释："这个是大楼房，那个是动物园。"妈妈微笑着听牛牛说完，然后对他说："我们要吃饭啦！你把最后这个钟楼搭好，就来洗手吃饭好吗？吃饭完我们一起欣赏你的杰作。妈妈可以把玩具箱里的小动物找出来，请它们住进你的动物园里。"妈妈说完就回厨房忙碌去了。而牛牛很高兴妈妈能欣赏他的新房子，也很期待自己搭建的动物园能迎来动物玩具们，于是很快就洗手吃饭，这顿饭也吃得又快又好。

孩子不愿意立刻停止玩耍，我们成年人也不喜欢在自己玩得正高兴时被人打断。"己所不欲，勿施于人"，我们既然不愿意别人那样对待我们，那么我们也不要那样对待年幼的孩子。由这两个例子，我们可以看出，猪猪的妈妈不能理解孩子的这种心理，并且认为猪猪"脾气倔"，这让猪猪很难过，只好用哭泣来反抗。如果妈妈总是剥夺猪猪对做事成功快乐感的体会，时间久了，猪猪就会养成有始无终的习惯；

而牛牛的妈妈明白这种心理，体谅孩子，主动让孩子对自己的事拥有一定的"掌控权"，使牛牛乐于服从，不仅会养成有始有终的做事习惯，随着年龄的增加，还会主动寻求自主权，变得更加独立。

43. 认真对待孩子的提问

每一位父母都深有体会，自己的孩子总有问不完的为什么，而且孩子的问题五花八门、无奇不有，有的还真不知道该如何回答。经常弄得父母焦头烂额却找不到令孩子满意的答案，最后父母郁闷、孩子生气，不欢而散。

心理学研究表明，提出问题是思维活动的起点，是不断接受新异事物的刺激，不断提出问题 、解决问题的过程。随着孩子的阅历不断增长，思维能力逐步发展，他们提出的问题会从简单到复杂，从个别的现象到事物之间的联系。随着问题的增多和不断得以解决，孩子懂得的东西也就越来越多，直到他们可以依靠自己的能力寻求问题的答案。

法国文学家巴尔扎克曾说："打开一切科学的钥匙，都毫无异议的是问号，我们大部分的伟大发现应归功于为什么，而生活的智慧大概就在于逢事都问个为什么。"孩子从小就有探索的天性，爱提问题的孩子好奇心强、善于思考。如果我们能够保持一颗和孩子一样的童心，或者拥有一颗和孩子一起成长的决心，我们就能够以孩子的眼光看待世界，站在孩子的角度去思考问题，不仅不会被孩子的问题难倒，还会以积极、发展的眼光看待孩子的问题，引导孩子建立积极的人生态度。

如何正确对待孩子提出的问题呢？

◎ 对待孩子的提问要有耐心，不能敷衍了事。

英国著名教育家斯宾塞曾说："怎样使孩子养成良好的学习习惯，父母扮演了一个重要角色，不仅要身体力行，而且还要对孩子有耐心。这对孩子的发展是有很大好处的。"我们在听到孩子提问的时候要有耐心，不能因为自己正在忙着做事而烦躁地敷衍或者训斥孩子，可以暂时放下手头儿的事情给孩子解答问题，或者告诉孩子："爸爸现在很忙，过一会儿告诉你。"并且在做完事情之后履行对孩子的承诺。

认真而耐心地回答孩子的问题，不仅会满足孩子的求知欲和好奇心，还会让孩子感到父母对他的重视，这对建立亲密和谐的亲子关系十分重要。

◎ 鼓励并协助孩子自己寻找答案。

我们不能对孩子的提问完全包办地回答，而要让孩子成为主导，把他引入积极思考的方向。不要出现孩子一提问，大人赶紧回答，然后各忙各的情况。这样的问答方式对孩子的思考能力和自我发现与探索的能力没有任何帮助。

比如，女孩问："为什么鱼一刻都离不开水呢？为什么人不能在水里生活？美人鱼怎么会嫁给王子呢？"如果我们直白地告诉她原因，跟她说："别傻了，童话都是假的。"孩子会感到怅然所失。而如果我们能够和孩子一起翻阅相关资料，了解鱼和人的身体结构差异，孩子才会明白人和鱼不可能结婚，那只是童话里的故事而已。

当孩子的问题已经超出了父母的知识和经验，或者父母感到自己的答案模棱两可并不确切，不妨实事求是地告诉孩子："这个问题我也不懂，等我翻翻书或问问别人再告诉你。"或者鼓励孩子和自己一起寻找问题的答案。千万不要因为面子而回避，更不要以否定孩子的方式来掩饰自己的无知。

◎ 巧妙地回答孩子提出的问题。

我们要根据学龄前阶段孩子的年龄特征和接受能力，尽量用简单明了、准确生动的语言进行解答。不要有"既然孩子关心这个问题，那我就要借此机会好好给他上一课"的想法；不要用长篇大论、深奥难懂的语言口若悬河地为孩子讲解。如果孩子的问题确实很复杂、怎么讲他也不可能理解，我们可以用转移注意力的方法把他的兴趣引到别的地方去。

◎ 关于是非观念的问题一定要明确解答。

孩子常常会提一些有关是非的问题，比如"前面走路的哥哥朝公交站牌吐痰了，那样做对吗？""在幼儿园吃饭时，菜掉桌上了，要捡起来吃掉吗？"对这类问题，我们必须给孩子讲清楚，帮助孩子分清是非，明确该如何去做。根据孩子不同的年龄，结合孩子的接受能力，用通俗直白的话语告诉孩子哪些事情是对的，哪些是不对的，让孩子从小就树立正确的人生观和价值观。

44. 不良的沟通方式会惹麻烦

我们在与他人的交往中逐渐发现：不同的沟通方式具有不同的功能，会产生不同的效果。对于我们的亲子沟通、家庭交流而言，良好的沟通方式可以促进家庭生活状态和谐，并促使生活在和睦家庭中的孩子的身心健全发展。

但是，不良的沟通方式依然在家庭教育中存在，这不仅"沟而不通"，反而使家庭成员感到压抑、迷惘、互不信任，也对家庭生活中的孩子产生不良影响。

就目前的家庭沟通方式来看，不良的沟通方式主要有以下几种：

◎ 第一种，唠叨啰唆。

唠叨是普遍存在于父母与孩子的沟通活动中最为常见的问题，尤其以妈妈最为突出。

从提醒孩子在幼儿园吃饱穿暖，到平时细微琐事，妈妈们的唠叨总是不绝于耳："在学校觉得冷了要把外套穿上啊！""老师没看见你举手就大胆地喊老师来啊！""在学校里要听话啊！""要多吃蔬菜，对身体好！"……父母总认为孩子还小，什么事情都需要自己多次提醒才记得住。父母们忽略了孩子已经逐渐长大的现实，总是担心他们这也做不好那也应付不了，可已经具有自我意识的孩子面对父母的唠叨，听着听着就"左耳朵进右耳多出"了。父母嘱咐的事太多、太杂、太细致，以至于孩子在众多信息中不知道该如何处理了，最后真把事情做砸了；而父母更会认为孩子不懂不明白，更加唠叨了。

久而久之，孩子对父母的唠叨渐渐厌烦起来，并陷入焦虑、烦躁的状态，盼望着唠叨快点儿结束。即使父母说的事情特别重要，也被埋没在千篇一律的唠叨话语中无法引起孩子足够的重视了。

父母总怕孩子不理解而反复说，这是关心孩子的爱心使然。但我们更要看到，唠叨并不是良好的沟通方式，并不是说得越多、说的次数越多，越能让孩子记得牢固、越能让孩子体会父母的良苦用心。我们可以尝试一个问题只提醒一到两次，点到为止即可。对于孩子犯的错误也不要念念不忘，新账旧账一起翻来说一遍，让孩子听进去自己的话并切实修正才是最终目的。

◎ 第二种，以自己的情绪来教育孩子。

按照自己的情绪来教育孩子的父母不在少数，他们往往在自己心情愉快的时候对孩子的错误睁一只眼闭一只眼，也有很好的耐心来对待孩子制造的麻烦，愿意和孩子一起解决问题。而当父母受到外界因素影响而情绪低落、情绪波动大的时候，他们就会把心中的怨气撒到孩子身上，孩子的一点儿小错也会让父母掀起轩然大波，甚至大动肝火地对孩子非打即骂。久而久之，父母在类似事件上迥异的态度会使孩子感到莫名其妙、无所适从。上次这件事情我这么做，被父母表扬了，怎么这次这么做就被妈妈骂了呢？孩子想不明白问题到底出在哪里，会对一件事情的正确与否产生怀疑，久而久之就会失去对父母的信任。

父母作为成年人，应当控制好自己的情绪，对于事件要有一个始终如一的评判标准，无论孩子做了什么事情，都不能因自己的心情高兴与否随便改变对事情的看法和评价。只有父母不再因情绪波动而摇摆不定，孩子才能获得正确而坚定的指导。

◎ 第三种，严厉训斥孩子。

孩子犯了错误，许多父母会在第一时间严厉地训斥孩子，不给孩子任何解释的机会，单凭自己的片面判断就盲目地判定孩子所犯的错误不容原谅。这样训斥对孩子来说不仅起不了任何教育意义，反而会让孩子因为害怕父母生气而什么事都不敢再和父母交流了。

父母看到孩子犯错，远远偏离自己的期望，甚至与自己的期望背道而驰，确实又气又急，但我们要明白训斥对孩子产生的危害，尽量克制自己的情绪，给孩子解释的机会。平静地沟通，了解事情发生的前因后果，引导孩子认识并改正自己的错误。或许在与孩子的平等交流中才蓦然发现，孩子只不过只是"好心办了坏事"而已。

◎ 第四种，一味迁就纵容。

"不是说想喝粥吗？怎么又要吃面条了啊？乖儿子，妈妈这就给你下面条去，很快就好，等着啊！""嗯？买错了？这不是你要的那种'奥特曼'的书啊？明天妈妈重新给你再买。"

父母一味地迁就孩子，不仅会使孩子渐渐养成依赖性强、软弱任性、自私固执等不良的人格特点，而且这种妥协式的沟通也不是真正解决问题的方法。仅通过回避问题来解决问题，看似问题不存在了，其实只是绕了个圈而已。这样的结果就是某天自己没有时间、没有精力、没有条件再去迁就孩子的时候，所有积累的问题就会一发不可收拾地来个总爆发。

所以，父母不要因为爱孩子就无条件满足他的要求，毫无原则地按照孩子的想法来规划全家的生活。父母应该和孩子保持平等的位置，该做出表率时要坚持、坚决，该严词拒绝的就要坚定，这样树立父母在孩子心目中的威信，才能让孩子认识错误，才能让孩子学会尊重父母和他人。

◎ 第五种，教育孩子时过于理智。

父母对待孩子过于理智，规范意识太强，会让孩子备受压力。

比如，孩子带着最喜欢的卡通书出门玩时丢了，央求父母再买一本。

父母说："怎么会丢呢？叫你别带出去，你非要带去炫耀，这下好了，丢了吧！"

"妈妈，我最喜欢那本了，再买一本吧！"

"那本书刚买几天啊？你就弄丢了，你这么不爱惜，我都不愿意再买给你了……好了，这次我可以买，但下次要是再把书啊玩具啊弄丢，我就真的不会给你买了。小孩子要爱惜物品，给你的书本玩具要懂得珍惜……"

教育孩子时过于理智，会使父母以过强的"规范"意识看待孩子，对孩子的优点、成绩视而不见，反而对缺点和错误紧抓不放。这种父母在任何时候都不忘敲打、警示、规范孩子，这样容易产生亲子感情障碍。从长远来看，对孩子形成健全人格也是非常不利的。

教育孩子时，父母要把握好"度"，不能时时刻刻想着抓住机会规范孩子，要善于发现孩子的优点。父母要看到，孩子把书弄丢了，是粗心大意的表现，但也说明他爱书，并且愿意把自己最喜欢的东西和同伴分享。父母不要只盯着孩子的缺点和过失不放，应该看到孩子也有值得肯定和鼓励的地方。

幼小的孩子最大的特征是任性，父母最重要的教育就是让孩子明白哪是对的，哪是错的，哪些是该做的，哪些不该做。让他从小的时候就懂得规则。

第八章

规则：给孩子立规则一定要趁早

45. 告诉孩子什么时间做什么事

随着生活节奏的加快，我们常常感到时间越来越不够用。妈妈每天不仅要忙于工作，而且还要在照顾孩子、处理家务方面花费许多时间和精力。特别是早上，不少妈妈抱怨"早上就是在打仗，我都急得不行了，孩子却优哉游哉的，真是很伤脑筋！"

跃跃的父母因为工作单位较远，所以每天起得很早，把跃跃送到幼儿园后，又赶紧倒车去上班；而跃跃也是全班最晚离开幼儿园的孩子。妈妈想辞职在家照顾跃跃，可房贷压力让妈妈不得不坚持上班。爸爸也曾想过把跃跃送回老家，请家中老人帮忙照顾，可老人年岁渐大，而自己也舍不得孩子，最后一咬牙，宁可自己辛苦一些，也要让跃跃在自己身边长大。

每天跃跃都在父母的催促声中起床、睡觉，小小年纪也懂得爸爸妈妈为自己辛勤工作很劳累。但是，孩子毕竟是孩子，在妈妈急不可耐的催促中，跃跃有时候也会有故意捣乱的时候。常常是妈妈倚在门口整装待发，催促他"时间紧，我们得赶紧出门。"可跃跃依然一副无所谓的样子。有时候妈妈着急了，催跃跃赶紧穿鞋，跃跃反而故意挪着小碎步慢慢踱到门边，气得妈妈真想揍他。

跃跃看着爸爸妈妈每天操劳，心里也明白事理。但毕竟孩子年纪小，很多事情他无法理解，他不明白自己慢一点儿有什么关系呢？爸爸妈妈的公司又不会跑掉，早一点儿和晚一点儿有什么大不了的呢？自己有没有按时上床有什么呢？还不是一样睡觉，真不明白大人为什么总是那么着急。

其实，孩子对于成人的生活无法理解，这是正常的，因为在孩子眼中，一切都是新奇好玩的，无忧无虑的。而许多像跃跃这样的孩子，他们的拖延和无所谓并不是不心疼父母的表现，只是因为他们没有时间概念，不知道什么时间做什么事。

时间这个看不见、摸不着的概念，很难通过解释说明的方式让孩子了解到它的意义。但是，我们应该通过培养孩子有规律的生活，把时间这一极为抽象的概念以非常自然的方式融入日常生活，让吃饭、睡觉，都变成培养时间观念的一个环节，才能使孩子逐渐具有管理时间的意识。

◎ 和孩子一起制作一张作息时间表。

良好的作息习惯是养成时间观念的前提。由于时间对孩子来说非常抽象，他们一般体会不到时间的重要性，所以也就不能理解爸爸妈妈每天忙碌的生活，不能明白为什么到了吃饭时间必须吃饭，到了去幼儿园的时间就必须离开家。

用规律生活来培养孩子的时间观念，需要父母的身体力行。如果父母自身的生活就没有规律，孩子在认识时间、遵守时间方面就会无所适从。只有父母做榜样，才能以规律的生活作息使孩子对时间这个抽象概念产生深刻的认识和理解。

在平时生活中坚持让孩子养成有规律的作息习惯。我们可以和孩子一起制订一张作息时间表，把起床、洗漱、早餐等时间大致规划，要让孩子明确几点之前必须出门。可以和孩子约定放学后先做什么，后做什么，几点睡觉等。这样不仅可以让孩子对自己的时间有一个整体的规划和认识，还能够有效地避免妈妈着急做饭而孩子不依不饶地要妈妈陪着讲故事的情况发生。只有把作息时间固定下来，形成习惯，孩子才能对时间有一个明确的认识，才能养成良好的时间观念。

◎ 教孩子认识钟表。

学龄前的孩子对于年、月、日和具体的时间没有什么概念，只有一些春、夏、秋、冬四季变化的笼统印象。他们不知道一年有多长，一分钟有多短，所以讲一些大道理是没有用处的。我们应该教孩子学会看日历、认钟表，可以让孩子认识并让孩子去为我们撕下昨天的那一页日历。而钟表是反映时间的最直观的物品，我们可以先让孩子认识长短指针的含义，大一些的孩子会认整点或半点的时间，接下来可以教会孩子认识准确的几点几分。

认识钟表不仅可以让孩子具有一定的时间概念，还能有效地控制孩子看电视、睡觉的时间。比如，在开电视前和孩子约定现在的长指针指到数字几，等指到数字几的时候就必须关掉，这也是让孩子感受到时间限制的有效方法。

◎ 尝试让孩子自己制订一天的计划表。

我们可以指导孩子把一天的时间安排以上午、下午、晚上三个时段来加以划分，比如，上午我们要一起去买菜，然后在小区里玩耍，再回家吃饭；下午需要睡午觉，起床之后要吃水果，然后还可以去找同伴玩耍并且按时吃晚饭；晚饭后父母和孩子一起看书画画，临睡前喝牛奶，然后洗漱上床睡觉。我们不用让孩子把一天的安排具体到每个小时，只需要让孩子自己制定、自己做主每日的"大事"。有时候孩子暂时忘记了，我们可以提醒："现在几点钟了？""现在该做什么事情了？"孩子会配合地想起来："对了，午睡起来要吃水果的。"有时候也不妨不做提醒，等孩子临睡前才蓦然想起："哎呀，我今天还没吃水果呢！"我们就要趁机教育孩子："对啊，应该是午睡起来吃水果的，你忘记了，现在已经过了吃水果的时间了，今天就不能吃了。明天一定记得啊！"

让孩子自己拟订一天的计划，自觉执行计划表的内容，能够让他明白时间的重要性，可以有效地培养孩子的时间观念，学会珍惜时间。

◎ 对孩子遵守约定要适当予以奖励。

有了时间的介入之后，孩子会感到每天的活动受到了限制，特别是看电视的时间，好像看电视的时候时间过得特别快，就会出现耍赖的情况。所以，我们要在做某件事情之前和孩子约定好时间，先约法三章，这样可以减少不必要的冲突和亲子关系危机。

还是拿看电视为例，我们可以事先约定看完这个节目或是看 20 分钟，到时间了让孩子必须关闭电视机。如果孩子遵守了约定主动关了电视，我们可以予以一定的奖励，比如，可以让孩子多看 5 分钟，或者已经到了约定时间时而节目未完时，允许孩子继续把这个节目看完。

对于频频耍赖或是"屡教不改"的孩子，我们可以和孩子比赛"遵守约定"，互相监督。只要没有遵守时间的，不管是谁都要受到一定惩罚，而遵守约定的人可以得到奖励。有了这样游戏性质的比赛，孩子会积极争取胜利，逐渐在游戏中做到了遵守约定。

46. 告诉孩子什么是对的，什么是错的

一个妈妈带着 4 岁的儿子到公园玩，公园的草地上写着"不要践踏小草"的字样，可是孩子偏偏要到草地上跑来跑去，妈妈只好让他进去玩。一会儿，母亲从后面追过来嚷嚷："快出来，叔叔阿姨抓你来了！"

生活中，这样的情景很常见。当孩子出现危险动作或做一些不该做的事情时，少见家长出面制止。家长的纵容、漠视让孩子误以为那些行为是被允许的。久而久之，孩子少了

安全观念、自律意识，无法辨别是非对错，不知道尊重别人的重要，等到意外悲剧发生时，父母捶胸顿足、伤心欲绝，却为时晚矣！

随着社会的发展，家长溺爱的加重，越来越多的孩子，或是不晓事理也不明是非，而是胡搅蛮缠、不懂道理。所以，作为家长，我们应该把正确的是非观念灌输给孩子，引导和启发孩子去思考和探究事情的对与错、好与坏、美与丑，知道什么是该做的，什么是不该做的；应该做的就努力去做，不应该做的坚决不做。

当孩子想到草坪上玩，你可以这样对孩子说："快出来，小草会被踩死的，没有了小草，这里就不美丽了"，或者"叔叔阿姨辛辛苦苦种的花草，把这里打扮得多漂亮，你要是给踩坏了，多不好啊。"时间长了，孩子不但不去随意践踏草坪，而且当看到别的孩子到草坪上玩时，还会用妈妈的话来劝这些孩子。

孩子幼小的心灵就像一张白纸，你在上面画上什么，就会给孩子终生留下什么，所以不可不慎重。如果我们能将正确的是非观念灌输给孩子，培养孩子的是非判断能力和良好的行为习惯，那将使我们的孩子终身受益。

平时生活中，父母应该告诉孩子，哪些事是可以做的，哪些事是不可以做的。比如：

（1）随地吐痰是错的，乱扔垃圾是错的；爱护环境，尊重生命，包括小动物、一草一木，是对的。

（2）为了得到老师的喜欢，打小报告是错的；为了占有玩具，打跑小朋友是错的；不能以损害他人的方式达成自己的目的，公平竞争是对的。

（3）小朋友不听你的，你非要他听你的，是错的；自以为是、不懂得聆听，强加于人是错的，保持友善的态度、开放的心态是对的。

（4）"小白捐款比我多，肯定是有目的的"，"小明选小绿当班委，肯定是拿了好处的"，以己度人、背后议论他人是非、造谣是错的；多自我反思是对的。

（5）我爸开奥迪，小青她爸开奥拓，小青不如我，这是错的。金钱、物质、名利并不是评价一个人的标准，一个人的言行以及他为别人做了什么，才是评价一个人的标准。

（6）诚实是对的，撒谎是错的；妒忌是错的，汲取是对的；投机取巧是错的，脚踏实地是对的；懒惰是错的，勤劳是对的；孝顺是对的，啥都靠父母是错的。

每个孩子本性都是善良的，可塑性极强，家长应帮助孩子，从小树立正确的观念与行为习惯。不要误以为孩子年纪还小没关系，长大再教，等到孩子养成不良习惯，就积重难返，再想亡羊补牢，却已来不及了。

明事理、晓是非的孩子更容易自律。因为这样的孩子，知道什么事情是应该做的，懂得自我约束和自我规范，这恰恰是自律的表现。所以，家长不仅要注意身教的力量，还要注意言传，培养孩子分辨是非的能力，让孩子自觉地规范自己的行为。

47. 犯错了就得受惩罚

"没有惩罚的教育是不完整的教育，没有惩罚的教育是一种虚弱的教育、脆弱的教育、不负责任的教育。"惩罚是一种教育手段，也是一种微妙的家教艺术，错误使用会对孩子的教育产生适得其反的效果。

圆圆3岁以前是由爷爷奶奶照顾的。由于家庭条件很好，两位老人很宠爱孩子，对孩子百依百顺，从小都是要什么买什么。有时候老人也觉得孩子有些过分，不满足孩子的要求，可圆圆又哭又闹，最终爷爷奶奶还是心疼孙子，怕哭坏了嗓子、弄出了感冒，赶紧满足了圆圆。渐渐的，圆圆养成了一些坏脾气和坏习惯。

圆圆 3 岁以后进入了幼儿园，爷爷奶奶觉得白天没有孙子在跟前跑来跑去，很无聊，于是萌生了回老家的想法。于是，在老人离开之后，由圆圆妈妈负责接送和照顾孩子。

被爷爷奶奶宠惯了的圆圆也用对付老人的方法对付妈妈。一开始，妈妈可不吃这一套，又是讲道理又是打，可圆圆都会很强硬地坚持到最后，直到妈妈答应他的条件为止。有一次妈妈动手打圆圆，孩子憋红了小脸默默流泪，硬是一声不吭，把妈妈吓坏了。妈妈的讲道理和打没有任何作用，讲完了，打完了，最后还是满足了圆圆的要求——这让圆圆更是变本加厉。

圆圆妈妈的惩罚对圆圆不起任何作用，不仅是爷爷奶奶的骄纵和溺爱助长了圆圆的习气，而且妈妈态度的不坚决和立场不坚定也让圆圆有机可乘。在对孩子的教育中，一味地鼓励或是讲道理自然不会得到很好的效果，而适当的惩罚才能够使孩子受到教育，孩子才能"长记性"。

◎ 不管有意无意，犯错就要受惩罚。

只要孩子犯了错误，不管他是出于有心还是始于无意，都要受到惩罚。比如：孩子不小心把杯子摔碎了，虽然他不是故意的，只是手太小拿不稳造成了杯子摔碎的后果。但我们要告诉他，杯子已经摔碎这个后果是他造成的，这是他的过错。他虽然没有料想到自己行为的后果，但也要承认错误。

如果孩子是无意的，并且第一时间勇于承认了错误，而不是为自己找理由、推卸责任，我们就要及时认可他的认错行为，并且立刻减轻对他的惩罚。但是，如果孩子隐瞒事实、逃避责任，我们就要加重他所受的惩罚，让他明白不诚实、知错不认错是不好的行为。这么强化孩子的知错认错、知错能改的意识有助于从小培养孩子诚实、负责的性格。

◎ 惩罚不等于体罚，惩罚也要以尊重孩子为前提。

惩罚绝不等于体罚，也不是伤害，更不是心理虐待、歧视。在孩子犯错必须受到惩罚的同时，我们仍然要注意尊重孩子。并不只有赞赏时家长才能给予孩子自尊与自信，惩罚时更需要家长尊重与信任自己的孩子，要顾及孩子的承受力、尊严，不能把孩子的特点当缺点。

惩罚孩子的目的是为了孩子的良性转化，如果惩罚过重，会适得其反，容易引起孩子的对抗情绪；而惩罚太轻则起不到任何威慑作用，不足以使孩子引以为戒。所以，惩罚孩子要像大教育家洛克说的那样："儿童第一次应该受到惩罚的痛苦的时候，非等完全达到目的之后，不可中止；而且还要逐渐加重。"为了达到教育目的，我们既不能轻描淡写，也不能小题大做，更不能滥用体罚。

◎ 惩罚的同时要为孩子指明"出路"。

有的孩子知道自己错了，也真心实意地认错了，却不知道该怎么改正，不明白下次遇到类似情况应该怎么处理。所以，我们在惩罚孩子的同时除了态度明确之外，还要跟孩子讲清楚他应该怎么做、达到什么要求或标准，否则会有什么样的后果。

比如，孩子不小心把杯子打碎了，受到了一定的惩罚。但是，如果我们不告诉他应该怎么做，他很可能会认为这一次摔碎杯子是因为"没有搭小板凳"的缘故，而事实上却是"他啃了肉骨头没有洗干净而油腻腻的双手"造成的。所以，我们除了让孩子明白自己错了，更要让孩子知道自己错在哪里，也要引导孩子想到应该怎么办。

我们千万不能含糊其辞或是让孩子"你自己去想杯子怎么摔碎的"。父母没有给孩子指明"出路"，孩子就不知道错在哪里，惩罚也就没有任何教育意义了。

　　◎ 父母双方对孩子的赏罚态度要一致。

　　有的父母在对待孩子的问题上立场不同，意见不统一。爸爸认为孩子摔碎了杯子确实是无心之失，但希望孩子对自己造成的后果负责，于是惩罚了孩子；而妈妈则觉得孩子太小，确实不是有心摔碎杯子的，而且也认错了，不仅不能惩罚孩子，更应该为孩子勇于承认错误感到高兴，并且要及时鼓励。所以，不少家庭常常出现这样一幅场景：爸爸在对孩子实施惩罚之后，妈妈认为孩子受了委屈，又来安慰孩子、哄孩子，爸爸见这母子两个一副委屈的样子，一气之下摔门而去，留下一句："慈母多败儿！"

　　事实证明，家长的态度不一致会使惩罚失去作用。家长大相径庭的态度和方式会使孩子产生认知偏差，不仅认识不到自己的错误，反而会屡教不改。所以，我们教育孩子时要相互配合，态度一致，赏罚分明。对孩子的进步、成绩等该奖的时候就要郑重其事地奖，让孩子真正体会到受奖的喜悦；对孩子犯错的时候要果断地进行惩罚，让孩子知道自己错了就得受到惩罚，不是谁来求情或是谁来包庇就可以逃避得了的。只有这样，才能培养孩子明辨是非、知错能改的品行。

◎ 不要翻旧账，对孩子改正错误要有信心。

有些父母在教训孩子的时候唠叨不停，而且还时不时地喝问孩子："我说的话你听见没有？"孩子往往慑于家长的威严，为了免受皮肉之苦，只能别无选择地说："听见了。"其实他可能心不在焉，根本就没有听，或是左耳进右耳出了。为了早点儿结束惩罚，孩子只有顺从父母的意思赶紧"认账"。而孩子下次再犯同样的错误时，就责怪孩子"不听话"。其实是我们说得太多反而使孩子分不清主次，不知所云了。

有的父母特别喜欢翻旧账，由此及彼把孩子以前的错误都拿出来"晒晒"，这会让孩子对改错失去信心。"我总是一错再错，反正我就这样了。"于是，孩子开始"破罐子破摔"。

所以，我们在惩罚孩子的时候尽量就事论事，并且不要唠叨，要点到为止，也不要翻旧账，这样才能使孩子清醒地认识到当前这个错误，并且有信心改正。

48. 说"脏话"必须及时制止

5 岁的强强最近嘴里不时会冒出一些"脏话"，

而且屡禁不止，令父母很是头痛。尤其是在外玩耍，本来玩得好好的，孩子突然嘴里冒出"脏话"来，别人的侧目和鄙夷的目光会让强强的父母很没面子。父母反思自己平时也注意文明用语，那这孩子跟谁学的啊？

学龄前时期的孩子正处于语言发展比较迅速的阶段，他们的好奇心和模仿能力强，但缺乏对于语言的好坏和辨别能力，所以这个年龄段的孩子说"脏话"并不一定真能了解其意，也许只是觉得好玩而已。因为这些"脏话"，有的是孩子通过家里长辈了解到的家乡话、土话，或是一些在家庭和幼儿园不常用的话语，对于孩子来说，既新鲜又有魅力，尤其是和同龄孩子在一起时，什么难听说什么，说完之后哈哈大笑，十分开心。这样难免越学越多，越说越来劲，从而引起家长的担忧和不满。

有的父母认为，孩子之间说点儿属于他们自己小范围的"脏话""怪话"是无关痛痒的，等孩子大一点儿懂事了就好了，所以对孩子的这种不良行为放任自流。而往往这样迁就孩子的坏习惯，会使孩子认为大人也觉得这么说挺好玩的，也会在与父母或其他成年人交谈时冒出"脏话"，常令父母感到十分难堪。而且，孩子说"脏话"看似小事，却关系到孩子的文化修养，对孩子将来的个性发展和人际交往也有着不良的影响。

孩子有喜欢模仿的天性，又容易受到周围环境的不良影响，所以会在学习语言的过程中出现说"脏话"的现象。面对孩子的这种不良行为，我们可以采取一些有效的办法及时予以制止。

◎ 孩子第一次说"脏话"就要立即制止。

孩子第一次说"脏话"时，我们就要对孩子的这种行为立即予以制止，明确地告诉他："这句话不好听，不应该这么说。"并且可以教导他使用正确的说法表达自己的情绪。

如果父母的制止对于孩子而言起不了多大作用，孩子还是经常甚至故意说"脏话"，我们不应对孩子大发雷霆，不要表现出异常愤怒的样子，不要通过体罚或说教的方式企图强硬扭转孩子的不良行为。而要假装没听见，或者故意闷不吭声，让他以为这种话无法与大人沟通，慢慢地他就觉得没趣，自然而然就会改掉了。如果我们对孩子说"脏话"表现得大惊小怪，反而会让孩子受到鼓舞，不但不能解决问题，反而会不断强化孩子的这种不良行为。孩子是不断在学习新词汇的，只要我们使用正确的语言方法，那么"脏话"对于孩子产生的新鲜感会很容易消失的。

◎了解孩子说"脏话"的动机，从根本上制止孩子的不良行为。

在孩子出现说"脏话"的现象时，我们不能放任不管，或轻描淡写地批评几句；也不能严厉训斥，甚至体罚责骂。要分析孩子说"脏话"的内容，了解孩子说"脏话"的动机，才能从根本上解决问题。

对于不会具体伤及他人的"脏话"，我们最好不予理睬。孩子在发现大人的冷淡态度后，会渐渐失去说"脏话"的兴致。

如果孩子说了一些连自己都不明其意的话，甚至有些话在成人看来十分残忍，比如"我要杀了你""我要打死你""我要把你从楼上丢下去"，等等。我们应该向孩子解释这些话的意思，更要告诉他那样做可能会导致的严重后果。让孩子知道，有些事情是不能随意模仿的。

如果孩子说的"脏话"是轻视对方的弱点、对别人的人格有侮辱意味时，必须坚决禁止。要在平时注意引导孩子关心他人，从别人的角度去考虑问题。在日常生活中，可以根据一些见闻引导性地询问孩子："如果你是他的话，别人这么说你，你会难过吗？"以此来诱发孩子的爱心和同情心。

◎ 为孩子创建文明的家庭环境。

如果家长自身就有说"脏话"的习惯，或者在和别人交往时的言语之间经常充满粗俗的意味，那就需要检讨一下自己，不要给孩子做不好的榜样。千万不要在不允许孩子说"脏话"的同时自己却"脏话"连篇，甚至用"脏话"来制止孩子说"脏话"。

有的孩子由家里的老人照顾，而老人常常在说话时带有一些具有地方特色的方言土话，这些土话在大人看来只是口头禅似的没有任何意义的词语，而对于孩子却十分新鲜。我们可以和家中的老人进行沟通，并且告诉孩子："奶奶那样说是不对的，奶奶年纪大了，我们应该原谅她，也要帮助奶奶。"孩子在和老人的交流中会以"纠错"而感到自豪，在一定程度上也能增强孩子与老人之间的关系。当然，我们也要尽量避免孩子以纠错为乐趣，总是对祖辈的话语或行为挑剔。

另外，我们还应该有目的地筛选影视作品，避免孩子观看血腥暴力的影片；在平时的生活中尽量让孩子结交一些语言文明的小伙伴，尽可能断绝孩子学"脏话"的渠道。

49.大人说话时孩子能不能"插嘴"

几乎所有的孩子都是"话痨"，特别是 3—6 岁学龄前期的孩子们，随着词汇量的增大和自我意识的增强，他们迫切地希望与大人进行交流。虽然他们年龄小，知识面窄，但求知欲却非常高。当大人们讲到他闻所未闻的事情时，孩子就会提出许多问题希望得到解答。而且希望得到"马上"回答，一刻都等不及。孩子由于年龄小，缺乏生活经验和辨别是非的能力，往往显得单纯幼稚，他们不会察言观色。有时会不分场合、时间、地点，想起什么就说什么，往往会在第一时间立刻发问或表达自己的想法，这就出现了"插嘴"现象。

孩子爱"插嘴"，在大人看来，是不好的习惯，我们往往认为爱"插嘴"的孩子首先是不懂礼貌、没教养；其次，爱"插嘴"的孩子被大人制止后往往感到委屈、难过，还会生气，我们总是会认为孩子脾气不好、不听话。其实，我们换个角度来看，爱"插嘴"的孩子思维反应能力和语言表达能力其实是很强的，并且也有很强的表现欲。当然，也有一些孩子或许只想引起家长的注意，或是不顾大人正在交谈而只想尽快满足自己的需要。

很多父母常用"小孩子不要插嘴""你懂什么？别插

话""大人还没说完呢，你插什么嘴？真没礼貌"之类的话制止孩子们参与大人的讨论。其实，一概反对孩子"插嘴"的做法不仅不能遏制孩子急于表达个人思想的想法，反而还会因为父母的强势制止使亲子之间逐渐产生距离，孩子的观点得不到表达，对与错也无法及时地比较、修正，不利于孩子的发展。

所以，我们既要纠正孩子"插嘴"的不良行为，又要让孩子有机会表达自己的想法，这样才能既保证了大人之间的正常沟通交流，又不剥夺孩子表达自我的机会。

◎ 在孩子想插嘴的时候，给孩子表达的机会。

我们可以事先和孩子进行约定或教导，告诉孩子大人在说话的时候，孩子最好不要"插嘴"。如果确实有事情需要打断大人的谈话，就要平心静气地寻求大人的帮助，不能扯着嗓子大喊"快点，我要上厕所！"

我们在孩子想"插嘴"的时候，也要关注孩子的需求。要立刻解决的就要及时处理。有个关于孩子"插嘴"的笑话是这样讲的：

妈妈和阿姨正聊得热火朝天。突然，儿子急急忙忙跑来，扯着妈妈大喊："妈妈，跟我走！"

妈妈回头瞪了孩子一眼："平时妈妈是怎么教你

的？大人讲话小孩儿不要'插嘴'！"妈妈继续和阿姨聊天，而儿子乖乖地站在旁边。

过了许久，儿子怯怯地打断了妈妈的谈话："妈妈，我想说……"

妈妈有些生气："不是说了大人讲话小孩儿不要'插嘴'吗？有什么事等妈妈和阿姨聊完了再说！"

又过了许久，儿子见妈妈依然没有结束谈话的意思，忍不住"插嘴"道："妈妈，我想说……"

妈妈狠狠地瞪了儿子一眼，儿子赶紧低头不敢再说话了。

等妈妈和阿姨终于聊完分手道别了，妈妈才转头问儿子："有什么事，你现在可以说了。"

儿子抬头对妈妈说："妈妈，刚才妹妹掉进池塘里了……"

这个小故事看似一则笑话，实际上却提醒我们：孩子有时候"插嘴"确实是情有可原的。现实生活中或许不会出现笑话中的真实事件，但往往会有孩子着急打断父母的谈话而被父母制止，结果孩子因为来不及脱裤而尿湿了裤子，反而还被父母责怪；有的孩子不小心把玩具掉半路了，可妈妈和朋友聊天丝毫没有注意，又不断制止孩子"插嘴"，等发现玩具掉了反而嗔怪孩子不早说等情况。所以，面对孩子的"插嘴"，我们还是要给孩子机会让他说话，只是要和他约定，不能大声喧哗，不要咄咄逼人，要尽量准确完整地说清自己的想法就可以。

◎ 父母也不要随意打断孩子说话。

在指导孩子的同时，我们也要注意自己的言行。在夫妻之间或是与别人交谈的时候要相互尊重、耐心倾听，不能因为意见不合而大声争吵。要知道，大人的这些行为会给孩子造成错误的暗示，让孩子学会错误的谈话和交往方式并运用到生活中。

有的父母认为自己是大人，孩子什么都不懂，就毫无顾忌地随便打断孩子的问话，甚至认为孩子的话无关紧要而粗暴地让孩子闭嘴。对一切充满好奇心的孩子经常会津津有味地向大人讲述自己的发现和感想。如果孩子的话被我们粗暴地打断，他的自尊心就会受到伤害，认为自己不被尊重、不被信任、不被理解，会感到委屈沮丧，有的孩子会因此变得胆小内向或者不敢在众人面前自信地表现自己；而有的孩子则会变得鲁莽冲动，故意不听大人的话。所以，在孩子说话的时候，我们要尽力听孩子把一件事情的前因后果讲完，使孩子有机会表达内心感受、阐述自己的看法，感到自己受到了尊重。孩子也明白将心比心的道理，我们对他给予了尊重，反过来，孩子也会尊重我们，会在大人讲话的时候耐心倾听，就不会出现"插嘴"的行为了。

50. 明确禁止的危险事不要尝试

对于 0—6 岁学龄前儿童，他们对外部世界充满了好奇，对身边潜在的危险毫无察觉，有的危险会让孩子受过一次教训之后就会刻骨铭心，如被抽屉夹到手，被刀划伤手指等；而有的危险根本没有任何后悔或重新来过的机会，比如，有的孩子模仿电视节目里的仙女从天而降坠下窗台，鲜活的生命就再也回不来了。

我们并不能时时刻刻在孩子身边为他们"保驾护航"。所以，为了孩子的安全，我们必须要让孩子明白：父母禁止的事情千万不要尝试。

◎ 教给孩子一些安全用电常识。

学龄前孩子好奇心强，从会爬行开始就喜爱到处探险，特别对小孔小洞有浓厚的兴趣，看见小洞或者小孔就想用手指、小棍、铁钉去捅，或者学着父母的样子用镊子等金属器具插入电插座双孔里，还很得意自己的"修理技术"。而且，孩子对电视机、手机感兴趣，常常想自己打开电视看动画片或是帮助父母给手机充电，这些都容易发生触电事故。

我们可以在电源插座上安上安全电源插座的护盖，或者在电源插座不用时插入安全隔离插销。但是，我们更要让孩子知道"电"很有用，但也很危险，在源头上杜绝孩子触摸电源插座的行为。

要教孩子学会看安全用电的标志。红色的"当心触电"标志表示禁止、停止的信息，看到红色标志，应该严禁触摸。黄色的"注意安全"标志一般说明那个地方危险，要注意安全，远离危险，不能在那附近玩耍。

我们要告诉孩子，家里的每个电源插座上面都有两个或三个窟窿眼，那些小洞里都有电，只要把电视机、电冰箱、洗衣机等电器的插头往插座里一插，拨动开关，电视机就能收到节目，电冰箱就能制冷，洗衣机就能洗衣服。电的用处非常大，但电也很危险。如果用手去摸电源插座，人就会触电受伤或是被电死，再也见不到爸爸妈妈了。

孩子在户外活动时，要教育他不要爬电线杆，不要在高压线下游戏，更不能用手拉电线，以防触电。

现代家庭中的电器越来越多，电器设备给孩子带来的吸引力和危险也随之增加。虽然聪明的孩子随着年龄增大常常会自己学会一些操作方法，如懂得自己开关电视，为自己选台，但是明智的父母一定要时刻注意以身作则，并及早地教会宝宝安全用电知识，让孩子学会自我保护。

◎ 不拿铅笔、竹签、小棍、筷子奔跑。

我们要教育孩子不能拿铅笔、筷子、竹签、小棍等一切尖细的东西玩，更不能拿着跑，现实生活中已经有许多因拿这些尖锐物品奔跑摔倒导致的意外事故。

> 2011 年 4 月 30 日下午，一位三岁半的孩子跟在爸爸后面走时，一不小心摔倒在地。原本只是一个普通的摔倒，却给这个家庭带来了惊魂的灾难。谁也没看见孩子手里什么时候拿着一支筷子，在他摔倒在地的瞬间，筷子从孩子的嘴里插进了颅腔。经过 5 个多小时的抢救，虽然孩子幸运地脱离了危险，但这一次灾难让父母感到后悔又后怕。

而且，像这种意外伤也经常发生在我们周围。孩子的身体协调能力较差，特别是学龄前孩子，小肌肉感统平衡能力不强，如果拿着尖锐的东西玩耍，一不小心就会受到伤害。而孩子由于语言表达能力差，一旦发生铅笔笔尖断裂在眼睛里或是小棍、竹签插入面部较深，无法清晰描述，导致大人很难发觉，从而延误病情，等到孩子的伤势已经出现明显症状了才急忙去医院，会造成不可逆转的伤害。

家长平时要注意教育孩子，让孩子意识到玩耍尖锐物件的危害，告诉孩子：筷子是吃饭时用的，其他时候不能使用。不要拿着铅笔、小棍跑，如果戳到眼睛的话很疼，就看不见爸爸妈妈了，还看不到自己心爱的图书和玩具了。

◎ 做好防范措施，明令禁止孩子爬窗台。

容易遇到意外跌落的孩子一般都集中在 3—4 岁活动性较强这个年龄段，而且以男孩居多。父母往往在其他房间忙碌的时候或是出门上班无人看管孩子的情况下，孩子单独在房间里，通过一些较矮的家具爬上窗台导致跌落。孩子从高层跌落后，四肢和腹部着地的情况较多，容易造成粉碎性骨折或内脏破裂，而一旦头部着地就会直接导致死亡。

为了避免孩子因为好奇而发生高空坠落的意外，我们要提前做好防范措施，布置房间时一定要注意窗口附近的安全防护。

由于，发生坠落的窗口多为开口较大的飘窗或移窗，所以，我们在布置房间时要特别注意，卧室的窗边不要摆放桌、椅、柜、床等孩子容易攀爬的物体。阳台、厨房也不要摆放椅子、垃圾桶等可以被孩子利用的物体。卫生间的马桶不能紧贴着窗。要为所有的飘窗做上保护栏杆，而且栏杆之间的宽度一定要比孩子的头窄。

　　除了增强防护措施之外，我们还要告诉孩子爬窗户的危害，让孩子认识到那个地方很危险，而且绝不会像"摔一跤还能爬起来"那么简单。我们更要让孩子意识到人不能像天使、精灵那样飞，更不能随意模仿动画节目中的英雄人物形象的危险动作，让孩子了解现实和虚拟的差别。

3—6岁这一阶段，孩子还没有功课的负担，正好可以作为益智的"黄金时期"，父母要抓住这个时期。

第九章

益智：学前教育重点在于智力开发

51. 训练孩子的不同思维

　　思维也叫思考，是一种复杂的心理活动。我们并不是一生下来就具有思维能力的，而是靠后天的不断锻炼和积累逐渐发展起来的。也就是说，新生婴儿没有思维能力，大约到 1 岁时开始，思维能力才开始逐步发展。

　　思维的发展是有层次、有规律的，一般而言，思维是一个由低级向高级发展的过程。在人的一生当中，思维从直觉运动思维发展到具体形象思维，然后是抽象逻辑思维。简单地说，孩子的思维发展规律就是一种从具体到抽象的发展过程。所以，我们要了解思维发展的阶段性和变化性，也要理解孩子不可能具有成人的思维，相应的，我们也要包容孩子在有限的思维能力下做出的一些在成年人眼中可笑、可气的事情。

虽然思维可以依靠经验的积累而变化发展，但如果我们给予孩子适当的训练和教育，可以有效地促进孩子的思维发展更加迅速，并且能够培养良好的思维方式，增强思维的深刻性、灵活性和创造性，提高孩子的思维能力，促使孩子逐渐学会以趋于成熟的思维逻辑分析事情、寻找最佳的解决办法。

那么，要如何训练孩子的思维呢？简单地说，就是要在游戏中训练孩子的思维。

游戏是孩子的主要活动，孩子的创造力能够在游戏中不断得到提高。从单纯的模仿发展到创造，孩子能够逐渐利用自己的创造性思维开展新型的游戏情节、扮演角色、制作游戏道具等。我们可以利用孩子的好奇心启发引导孩子主动思考，以达到训练思维的目的。

具体来讲，有以下几种训练思维的方式：

◎ 多给孩子讲故事，引导孩子自己编故事。

几乎所有孩子都爱听故事，我们除了要多给孩子讲故事以外，还要引导孩子自己编故事。

我们要讲一些孩子感兴趣的故事，给孩子一个开放式的结尾，让孩子自己独立地发挥创造性思维，结合之前的故事情节，进行合理推断，完成故事。除此之外，还要鼓励孩子根据我们提供的一些关键角色或线索，自己编故事。

以讲故事的方式让孩子得到思维训练，对于孩子来讲是非常乐于接受也很喜欢投入其中的。我们可以抓住孩子的这一心理，让孩子在游戏中不断进行思考，达到训练思维的目的。

◎ 带领孩子多见识，帮助孩子说出自己的见闻。

思维的表现形式就是语言。我们可以利用休息时间带孩子多参加户外活动、四处旅游，增长孩子的见识。现在流行"男孩穷养、女孩富养"，其实，无论男孩女孩，都要富养，而这个"富"就是丰富的见识和经验。我们往往会发现，孩子旅游回来后就好像长大了一样，说的话、做的事都和以前不一样了。其实这就是新鲜环境给孩子带来的视觉、听觉等各方面的冲击，继而引发了孩子思维的大飞跃。

我们不妨经常和孩子一起聊天，帮助孩子理清思绪，回忆生活中的所见所闻所感，这样既锻炼了思维，又发展了语言，还丰富了知识，一举多得。

◎ 和孩子一起动手制作玩具并进行归类训练。

我们可以尝试和孩子一起用硬纸片做成各种各样的动物、植物，如树木、花草、小鸡、小兔、小猪等以及各类形状如圆形、三角形等，在玩的时候把纸片杂乱地摆开，让孩子根据我们的命题，进行归类训练。比如，让孩子把属于动物的纸片找出来，按照从大到小的顺序让小动物们排排队，然后按照每种动物爱吃什么把相应的食物发给它们。这样的游戏不但可以训练孩子思维条理的灵活性，还能锻炼思维的敏捷性。

◎ 利用日常用品和孩子进行猜谜游戏。

我们可以利用家里随处可见的日常用品，描述物品的特点或性质，让孩子在猜测的过程中接受思维灵活性的训练。比如，我们可以问孩子："我们家里有一个大柜子，里面冷冰冰的，我们不能去，可青菜鸡蛋很喜欢在里面待着。这个大柜子是什么东西啊？"或者问孩子："有个玩具圆圆的，你拍一下它就会蹦一下，你说它是什么呢？"猜谜语不仅能够培养孩子思维的灵活性，还能增加孩子的知识。孩子如果喜欢以上这种游戏方式，还可以让他来出题，由大人来猜答案，这样更能使孩子把注意力集中到关注事物的特性上面，并增强孩子的观察能力，从而使思维得到相应的锻炼。

◎ 让孩子换个角度看问题，训练其逆向思维。

孩子在 3 岁以后，思维由直觉行动思维阶段逐步进入具体形象阶段，可以凭借事物的具体形象或对事物表象的联想来进行一些思维。我们可以抓住孩子的这一思维变化特点，训练孩子思维的逆向性及思维的敏捷性，达到锻炼思维的目的。

比如，我们可以和孩子玩"反口令"或"反义词"游戏，我们说"向前走"，孩子就要往后退；我们说"坐下"，孩子就要起立；我们说"黑夜"，孩子就要对答"白天"；我们说"大人"，孩子要说"小孩"等。

52. 帮助孩子开动脑筋来思考

很多家庭的孩子往往受到了过度照顾，不仅自理能力差，动手能力弱，依赖性也很强，不少孩子往往不愿动脑筋想问题，因为"反正爸爸妈妈会帮我解决的。"于是，玩具找不着了让妈妈去找；衣服拉链卡住了让爸爸帮忙弄；幼儿园里遇到的问题也回家来问父母……孩子从小没有动脑筋的习惯，谈何独立思考、自立成长？

孩子认识世界的根本途径之一就是"动脑筋"，我们要在平常的生活中注意培养孩子善于发现问题，鼓励孩子提出问题，引导孩子观察事物并积极地开动脑筋思考解决问题的办法。

俗话说：脑子越用越机灵。平时肯动脑、爱动脑的孩子才会从日常生活中学到很多书本上没有的知识，了解很多只有靠体验或接触才能获得的经验，才能越来越聪明伶俐。对于不爱动脑筋的孩子，我们更应该引导、鼓励他积极动脑。

◎ 父母不要代替孩子进行思考。

父母认为学龄前孩子年纪小，不仅不能照顾自己，在思考问题方面也完全没有对错意识，所以需要由大人做主，需要大人来为孩子作决定。其实，这么做等于代替孩子思考。孩子确实年纪尚小需要关心照顾，但以年龄小为由剥夺了孩子自己思考的机会，会导致孩子永远也长不大，并且逐渐产生依赖性，以至于成年之后也会企图把问题或责任推卸给父母。所以，无论遇到什么事情，我们都不要代替孩子进行思考。特别是在孩子做错事的时候，不要直接教孩子不能这么做，不能那样做，更不能一味地指责训斥，而是把"为什么不能那么做"的问题留给孩子，可以多用疑问语句引导孩子，让他想一想自己什么地方做错了，为什么会做错，以后应该怎样做。这样才能使孩子知道错了，更能知道错在哪里，还能自发地寻找避免错误的途径和方法，从而锻炼孩子的思维，逐渐养成肯动脑、独立思考的习惯。

◎ 为孩子提供宽松环境，留下思考的时间。

尽量为孩子提供宽松的环境，激发孩子的创造性和思考欲望。不要对孩子过于压抑，要鼓励孩子积极思考并提问。我们要知道，提问是思考的开始，而能提出问题正是说明了孩子积极地思考过。

对于不爱提问题的孩子，我们要主动提出一些他能回答的问题，引导孩子动脑筋思考。比如，可以把孩子的玩具小车拿出来摆放，问孩子："这个邮政车和急救车有什么不一样呢？"引导孩子在脑海里寻找答案，从车辆的颜色、声音、里面坐的是谁、那些人是干什么的等来让孩子发挥思考的能力。

不少父母认为，自己的孩子对问题的反应速度很快，说明他的思考力很强，他很聪明——这是一种片面的看法。有的孩子一味追求迅速回答问题以得到大人的赞赏："瞧，这么快就回答上来了。"而孩子会逐渐习惯于对问题不假思索地做出回答，而没有足够的时间让大脑开启思维程序。也就是说，孩子往往张嘴即来的回答没有通过足够的思考，这会让孩子渐渐失去思考能力，流于凭直觉来回答或者处理事件，必定会在行为做事时有失偏颇，造成失误。

所以，当孩子遇到问题的时候，父母最好不要急于替孩子作答，更不要让他尽快说答案，而是启发他多问几个为什么，想出几种解决方案，再选择出最佳答案。如果在日常生活多注重这方面的思维练习，会使孩子逐渐爱上动脑筋、多动脑、勤动手的好习惯。

◎ 激发孩子的求知欲，培养孩子动脑筋的兴趣。

"兴趣是最好的老师"，如果孩子对某件事情产生了浓厚的兴趣，就会想方设法集中思想和注意力，克服种种困难来达到自己的目的。

作为孩子的启蒙老师，父母对孩子的影响相当大，我们要以自己的情绪和行为去感染和影响孩子，要用自己对周围事物的态度和情趣去影响孩子。我们要了解孩子的兴趣所在，从最直接、最容易思考的问题入手，让孩子独立思考，激发孩子求知的欲望，引导孩子循序渐进地通过自己的努力解决遇到的困难。

我们要在日常生活中创造动脑筋的环境，开展一些健康有益的活动，如家庭智力游戏、家庭猜谜活动等，在活动中启发孩子动脑筋，并逐渐使孩子养成凡事先动脑的好习惯。

此外，还要多让孩子接触一些益智的幼儿刊物及少儿节目；带孩子到大自然、到社会中去感受生活，拓宽生活空间；鼓励孩子动手动脑解决一些身边发生的小事，运用激励的手段，让孩子尝到动脑筋的甜头，享受到成功的喜悦。哪怕孩子只取得微小的进步，我们也要及时地给予肯定，热情地加以鼓励。

53. 训练孩子的观察力

观察力是形成智力的重要因素之一，是孩子智慧的门户，可以帮助孩子得到周围世界的有关知识和信息，是认识世界的基础。著名生物学家达尔文说过："我既没有突出的理解力，也没有过人的机智，只是在观察那些稍纵即逝的事物并对其进行精细观察的能力上，我可在中人之上。"

那么，如何训练孩子的观察力呢？

◎ 保护孩子的感知觉器官。

观察力是人通过眼、耳、鼻、舌、身感知客观事物的能力。相关研究表明，人的大脑所获得的信息，绝大多数是通过眼睛和耳朵吸收进来的。所以，训练孩子的观察力，要从基本的知觉能力的培养入手。培养过程中，除了要保护好孩子的眼睛、鼻子、耳朵、嘴巴、手等感知觉器官不受损伤之外，还要利用并创造机会，刺激各项器官的发育。在日常生活中，我们要尽量提供各种条件让孩子多看图画，多听音乐、多动手、多说话等，使孩子的器官受到一定的刺激从而得以更好地发育。

◎ 培养孩子对观察的兴趣。

培养孩子的观察力，最重要的是培养孩子对观察的兴趣。如果孩子对观察没有兴趣，对周围的事物置若罔闻，就没有观察的目标，也就不能依靠观察给孩子带来的种种发现使孩子产生满足感和成就感。

生活中的事件层出不穷，各种事物纷繁复杂，特别容易引起孩子的观察兴趣。但是，孩子的兴趣要引起很容易，要保持长期的兴趣却是难上加难，因此，我们要适当调整措施，了解孩子的兴趣点和兴趣的持续度，尽量让孩子在一个兴趣持续的阶段中运用观察力完整地了解事物。

◎ 在日常生活中培养孩子的观察习惯。

我们生活的世界里有数不清的事物可以作为我们的观察

对象，我们可以依据所处的环境随时随地地为孩子确定一个观察对象，进行有目的的观察。比如，我们可以让孩子帮大人为盆栽浇水，引导孩子观察花朵的花瓣、花蕊、枝干，了解盆栽每天的变化；也可以和孩子一起观察一件工艺品的形态、颜色、特点；还可以让孩子观察自己如何择菜、洗菜、炒菜等。我们可以一边观察一边用语言描述、和孩子一起讨论，比比谁观察得更仔细更认真。久而久之，孩子的观察力就会得到很大的提高。

◎ 培养孩子有计划有目的地观察。

观察不是让孩子单纯地看，孩子看到盆栽开花了，仅仅如此不能叫作观察。所以，为了使孩子的"看"上升到"观察"的高度，我们就要培养孩子有计划、有目的的观察习惯，也就是说，在观察活动开始之前，先确定观察的目的。比如，鼓励孩子每天观察盆栽的变化，说说昨天和今天，或者这个星期和上个星期相比，盆栽有什么不同；让孩子观察盆栽植物是不是会朝太阳的方向发生倾斜，鼓励孩子把盆栽转动一周过几天再观察，引导孩子查找盆栽倾斜的原因。这样不仅提高了孩子的观察能力，还能增长见识，对一些原本枯燥的自然现象有直观而有趣的理解。

◎ 指导孩子用不同的方法进行观察。

从不同的角度观察事物，会获得不同的信息和感受，这也是观察的多样性、趣味性所在。所以，我们要指导孩子掌握不同的观察方法，灵活运用多种方法对事物进行观察。

在生活中，我们可以指导孩子观察工艺品的整体造型或是局部的结构；可以让孩子在白天和夜晚观察一些具有夜光现象的艺术品；可以让孩子观察动植物的特征或特点，了解它们的生长规律和生活习性；等等。通过各种观察，使孩子明白，观察不仅是用眼睛看，更是要用心去感受眼前事物的一切：它是什么样的？为什么会是这个样子？如果不是这样的，它会如何？比如，鲫鱼为什么是扁的？为什么有背鳍？为什么尾巴不像鲸鱼那样横着生长而是竖立着？要是没有背鳍会怎么样？我们可以协助孩子寻找答案，甚至可以和孩子一起动手做一些实验，让孩子更加直观地了解事物的真相。

◎ 引导孩子遵循一定的规律对事物进行观察。

学龄前的孩子对事物充满好奇，但观察的方式却有限。我们可以引导孩子遵循一定的客观规律对事物进行观察。比如，让孩子观察我们的肱二头肌，使孩子明白这块肌肉在放松和绷紧时的状态是不同的；可以让孩子尝试抚摸自己的肱二头肌，感受手臂伸直和弯曲时的肌肉变化。这种通过使观察对象达到一定强度才能准确清晰观察的方式就遵循了"强度律"。除此之外，我们还可以指导孩子利用对比的规律把两种不同的梨放在一起，比较它们的形状、大小、颜色或口感等。

54. 给孩子一个天然涂鸦场

几乎所有父母会在孩子两岁左右的时候渐渐发现，自己的孩子好像突然开始变得非常喜欢到处涂鸦了。他们用胖乎乎的小手或抓或捏住蜡笔、彩色笔，在沙发上、地板上、桌面上，更多的时候是在墙上随意"作画"。这让爸爸妈妈在高兴之余又觉得非常苦恼。家里不仅随处都有孩子的涂鸦痕迹，而且还随着孩子的身高变化，涂鸦范围也出现了蔓延的趋势。

孩子爱画画是好事，可以锻炼他的小手的灵活性，也能让孩子的思维得到发展。这个道理父母们都懂。可偏偏我们为孩子准备了不少白纸或彩色纸，希望孩子能够在纸上作画，可孩子就是不按照我们的安排来行动，仍然热衷于到处涂鸦，让大人们感到很头痛。在有客人造访时，有孩子的客人一进门看到家里的涂鸦痕迹往往会和我们相视而笑："唉，我家孩子也这样！"看来，随处涂鸦是孩子们的通病。

看到四处花花绿绿、歪歪扭扭的线条或颜色痕迹，父母感到很头疼：难道要等孩子大了懂事了我们再重新刷墙壁？或者应该尽早制止孩子这种到处涂鸦的行为免得以后所有墙壁"体无完肤"？

回答肯定是否定的——孩子爱涂鸦，不但不应该制止，反而应该支持。涂鸦不仅可以帮助孩子练习手、腕等诸多关节与小肌肉群的协调动作，更有助于孩子学习使用勺子、筷子，增强孩子的自理能力。此外，涂鸦还能使孩子的观察力得到加强，帮助孩子增强记忆力、比较力和思考能力，促进眼、手、脑和谐调动，所以涂鸦是孩子多种能力的综合表现。而且，由于学龄前孩子的语言能力正在逐渐发展，涂鸦可以表达孩子的内心世界，我们可以通过涂鸦和孩子进行沟通，了解他们内心的真实想法，对于低幼孩子的父母而言，我们可以借助孩子的画来揣摩他们的心思，这比让孩子完整而准确地用语言表达情绪及感觉更为准确。不少国外心理学家都通过孩子的涂鸦作品，分析画面中看似杂乱无章的颜色、构图、线条来精准地看透孩子的内心世界。

可以毫不夸张地说，对于孩子来讲，涂鸦和语言一样，是一种重要的情感表达方式。而 1 岁到 4 岁是孩子的涂鸦期，是孩子自我表现的开始，我们不仅不能严厉制止孩子涂鸦的行为，更要为孩子提供天然的"涂鸦场"。

◎ 怕孩子弄脏墙壁，我们可以为墙穿上"外衣"。

不少父母对孩子涂鸦感到很头痛，关键就在于孩子会肆无忌惮、毫无征兆地在雪白的墙壁上作画。其实，我们完全可以事先用大纸张贴在墙上，为墙穿上一件"外衣"，让孩子们自由地挥笔涂鸦。而且，我们可以尝试引导孩子限定区域，逐渐让孩子明白：这一块墙壁是可以随意作画的，而其他墙壁是不能涂抹的。如果这块墙壁画好了，爸爸妈妈又会给墙换上新衣裳。或许孩子一开始仍然我行我素，但我们可以利用他们的好奇心和童心，编一个可爱的关于"墙的外衣"的故事，通过孩子爱听的故事情节教育孩子一些大人希望建立的规矩。当然，也不能粗暴地责怪孩子"不按常理出牌"的行为。

◎ 为孩子准备高矮适宜的桌椅。

孩子喜爱在墙上涂鸦，原因之一是家里没有让他坐着舒服、画着方便的桌椅，为了自己方便，他们当然愿意选择站在墙角以舒服的姿势按照自己喜欢的方式来涂鸦了。所以我们不妨为孩子准备绘画用的桌椅，尽早地对孩子的坐姿、阅读姿势有所规范，这样既有助于避免孩子肆意涂鸦，也有助于孩子养成良好的学习习惯。

◎ 让孩子尝试不同的绘画材料或颜色。

不少孩子愿意在墙上涂抹，也因为墙体表面的笔触感觉和纸张完全不同——墙壁固定不变，孩子只需要动手涂鸦就行了，而纸张往往需要左右手配合控制，稍不注意就随着执画笔的那只手的运动而产生了挪动，造成画面的变形，这让孩子感到很不爽。所以，我们还要注意为孩子提供简单、方便又容易操作的绘画环境，让孩子可以自由地挥笔涂鸦。

对于绘画材料而言，目前除了纸张外，也有专门的幼儿涂鸦黑板、薄画板或魔术画板等，我们都可以让孩子多多尝试。

◎ 为孩子寻找天然涂鸦场。

孩子涂鸦具有一定的随意性，我们不妨为孩子提供一些非专业的绘画材料，让孩子体会到涂鸦的乐趣。比如，用果酱在盘子上作画。我们可以教孩子用蘸薯条吃的番茄酱、做沙拉吃的千岛酱、涂面包吃的花生酱、蓝莓酱等，在大的白盘子上随意涂鸦。这些红色、橙色、蓝色的酱料不仅可以画出孩子心目中的动物、花朵、人物，更美妙的是，我们可以征求孩子的同意或是引导孩子吃掉他的作品。一家人拿起切片面包、馒头，或是洁净的蔬菜分享孩子的作品，把孩子的涂鸦画蘸着吃、拌着吃，不仅一点儿也不浪费，还会让孩子爱上涂鸦，甚至为了满足创作欲而不再挑食。

此外，我们还可以多参加户外活动，在户外寻找随意作画的场地。我们带孩子到沙滩上，让他们用手指、树枝作画；我们把塑料饮料瓶的瓶盖戳个小洞，给瓶子装满水，让孩子在地上以水作画；我们还可以找来落叶、枯枝，指导孩子"摆画"；我们还可以让孩子动手撕碎各色纸张，用小纸片进行"拼画"；甚至可以把家里的旧衣服、裤子当成画布，让孩子用丙烯颜料制作独一无二的个性 T 恤，一家人动手制作个性亲子装……总之，我们要多带孩子接触大自然和新鲜事物。只要肯用心、有童心，我们可以用唾手可得的身边事物随时随地为孩子提供天然的涂鸦场地和颜料，逐渐培养他们的观察习惯，丰富他们的生活经验，增加孩子涂鸦的创作灵感。

◎ 用心感受孩子的作品。

我们尽量不要去干涉孩子涂鸦的过程，让他们尽情地抒发自己的情绪和情感，在孩子需要我们帮助的时候，要尽量提供力所能及的协助，多鼓励孩子，增强他们的自信心。

对于孩子的作品，我们不要以成人的经验或眼光妄加评论，对孩子的涂鸦画千万不能以"像"或"不像"来评判。只要孩子能对自己的画做出解释，我们就要表示欣赏和赞美。因为在孩子充满童趣童真的世界里，任何事情都是有趣的，任何画面都是美妙的，他的创意就在于一些看似不合逻辑、不符合常规的非常态画面中。所以，我们往往会发现，较小年龄就经过正规绘画培训的孩子，他们的作品和运笔技巧显得成熟老练，但画面中天马行空的童真却渐渐被消磨了。

55. 允许孩子异想天开

富有想象力和创造精神是一个人成才的必备条件。丰富的想象力是发展孩子创造力的基础和保证。在平时的生活中，我们应该鼓励孩子动脑筋，要给孩子自由想象的空间，从不同的角度去寻找不同的答案，鼓励孩子异想天开，保护孩子珍贵的想象力。

宁宁喜欢和妈妈玩角色扮演游戏。在游戏中，宁宁扮演的角色总是长翅膀的小猫公主、小兔公主，妈妈每次纠正宁宁："小猫、小兔是没有翅膀的！"宁宁就会很生气。为了能赶上上班时间，妈妈只好哄着宁宁，自愿当一些又丑又老又很无能的、没翅膀的动物，宁宁就会立刻很开心地以天使的身份出手相助，玩得乐此不疲。

宁宁当然知道小猫、小狗、小兔是没有翅膀的，但能够扮演自己喜爱的小动物并且可以像天使一样自由飞翔，这让宁宁感到很兴奋。妈妈也渐渐发现，通过每天自编自导自演，宁宁在语言表达方面的能力越来越强，不仅口齿清楚而且用词准确，随口编的小故事也是情节曲折、内容丰富的。

想象力是在现实知觉的基础上，经过大脑的组合，创造出新形象的能力。爱因斯坦说，想象力比知识更为重要，因为知识是有限的，而想象力却推动着知识的进步，是知识进化的源泉。不少父母都赞叹发明家和科学家具有令人叹服的想象力。实际上，每个孩子都有巨大的想象力，只不过常常被父母忽略了。像宁宁一样，虽然她缺乏丰富的生活经验和社会阅历，缺乏一些专业知识基础，但正是因为她没有固定的思维方式和思考模式，才可以充分张开想象的翅膀，超越时间和空间的限制让思维天马行空地游走。

人类历史进程中的种种现象和事实表明，生活中的很多发明创造都是从最初的想象开始的。所以，在日常生活中，我们要给孩子充分的空间，允许孩子异想天开，保护孩子的想象力，激发孩子的智力。学龄前是孩子想象力最丰富的时期，在进入小学之后，逐渐受到成人和社会的影响，孩子的想象力会逐渐被现实生活的条条框框限制而变得被动甚至更加现实。所以，我们要重视、保护和发展孩子在学龄前形成的想象力，帮助他们奠定一生创新性思维的基础。

◎ 顺应孩子的天性，尊重孩子的想象力。

不少父母面对孩子怪异离奇的想法时感到好笑又无聊，比如孩子说："月亮怎么晚上还开着灯了？谁去帮它关灯呢？"跟孩子解释吧，会引入许多抽象的概念，好像会越描越黑；不和孩子解释吧，就要费点儿脑子编故事还得让孩子能接受、不找茬，真是件吃力不讨好的麻烦事啊。

当孩子说出自己的想法时，我们要尊重孩子，顺应孩子的天性并抓住激发孩子想象力的机会，不能对孩子敷衍了事，更不要嘲笑他的想法"太可笑""好傻的问题"。我们要尽量给予孩子合理的解释，可以告诉孩子月亮本身不发光，是太阳照射到它身上的缘故，我们还可以把孩子带到阳光下，让他观察到阳光与阴影之间的联系，或者在夜晚打开台灯，用我们的拳头表示太阳、月亮和地球，通过对比和演示，使孩子有直观的感受，这比我们绞尽脑汁尝试用浅显易懂的概念性语言来解释这些自然现象更容易被孩子理解。

我们要尊重孩子的原始想法，尊重孩子自由想象的权利，这样做不仅在最大限度上保护了孩子的创造天性，而且使孩子的自信心得到了增强。让孩子在父母积极的回应中，学会主动地运用自己的想象力，更自由地发展想象思维。

◎ 通过游戏引导孩子进行主动想象，培养孩子的创新能力。

前面说的宁宁爱和妈妈玩角色扮演游戏，宁宁的种种表现显示出她的思维和思想明显比同龄孩子要开阔得多，语言表达能力也很强，这些正是得益于平时她喜爱的模仿游戏、角色扮演等活动。游戏时，孩子会将自己对现实生活的理解进行创造性的反映，想象力也会得到发挥。孩童时期是想象力最活跃的时期，有了想象力，就会有创造力，可以帮助孩子冲破惯性思维的束缚，超越已有知识的限制，完善和发展创新能力。虽然宁宁妈妈配合起来略感疲惫，但宁宁的成长与变化是显而易见的。

学龄前阶段是最容易形成思维模式的阶段，一旦形成，就会长期保持，影响孩子的一生。如果孩子在幼儿时期喜爱思考，常常异想天开，我们就要积极地培养孩子展开想象力，注意引导孩子主动想象，及时鼓励孩子做出充满想象力的回答，不断培养孩子的创新能力。

◎ 阅历越丰富的孩子，想象力也会越丰富。

不管怎样，想象力总是要建立在一定表象基础之上的，如果孩子的经历过于贫乏，大脑中没有足够的具体而形象的外界事物在头脑中留下的影像，就不会激发起他们的想象力。

孩子在看到一个水杯时，头脑中形成的印象是不同的，有的孩子会想象着"水杯里面的液体是粉色的"，有的孩子会想象"水杯里装的东西会不会突然顶开盖子跳出来"，还有的孩子会想象着"水杯底子要是有个漏洞会怎么样"。总之，面对同一个现实物品，每个孩子的想象都有所不同，这是由孩子的经验决定的。不同孩子的知识经验不同的，阅历越丰富的孩子，想象力也会越丰富。

所以，在日常生活中，我们要引导孩子学会观察和记忆，要提供机会让孩子更多地接触新鲜的事物，使孩子在头脑里产生尽可能丰富的基本认识，然后转化为自己的知识储备，作为今后调动想象力的后备资源。此外，我们还要注意，由于词不达意或词汇贫乏的孩子往往会因为找不到合适的表达词汇而缺乏想象力，所以我们还要有意识地丰富孩子的词汇，增强孩子的语言表达能力，从而锻炼孩子的想象能力。

◎ 通过讲故事促进孩子的想象力得以发展。

几乎所有孩子都喜爱听故事。我们在给孩子讲故事的时候，孩子会全神贯注、若有所思地倾听，他们会从我们的故事中想象出人物和场景，也会想象故事以后的情节发展。我们可以给孩子讲一半故事或是设计开放式结尾，让孩子把故事补充完整，鼓励他在根据故事情节的发展逐渐打开思维，想象自己希望出现的结局。

虽然爱孩子就是放手让孩子去飞翔，但在此之前，家长应让他掌握所有应该具备的自我保护知识，并具备相应的自我保护能力。

第十章

自我保护：
让孩子懂得照顾自己

56. 警惕小物件造成的大伤害

儿科医生反映，除了发烧之外，经常有 3—7 岁孩子被心急如焚的父母带到医院里找医生帮忙从嘴巴、鼻子、耳朵等部位取异物。学龄前孩子的好奇心强，喜欢通过触觉、味觉来感受外界事物，我们常常看到 6 个月的小宝宝抱着自己的手或脚丫啃得津津有味，把触手可及的任何物品拿起来放在嘴里又吸又舔——这是孩子感知世界的方式。因此，我们不能以成人的标准要求 1 岁以下的孩子应该干什么，不应该干什么，而要尊重孩子的天性加强卫生监督和引导。

学龄前儿童贪玩好动，活动范围逐渐扩大，好奇心、模仿心强，碰见新鲜的东西总想摸一摸、学一学。对于危险的物品和不良的行为习惯孩子没有明确的辨别能力，自制力和自我保护意识差，特别是对发生意外的严重性认识不足，所以容易发生跌伤、撞伤、割伤、烫伤、压伤、电击等意外。

对于 3 岁以上的孩子，虽然受到了父母的教育，也知道东西不能随便塞进嘴里或耳朵、鼻子里，但他们在玩耍的过程中往往有意无意地往嘴巴、鼻子、耳朵里塞东西，造成不必要的危险，而这样的危险又往往不易被大人察觉，只有发现孩子憋得面红耳赤或是耳鼻流脓了才赶紧送医院。所以，我们要在平时尽量别让孩子与体积过小的物件接触，对 3 岁以内的孩子不要喂食果冻、瓜子、花生、桂圆、葡萄干、豆类食品，给孩子提供的玩具最好不要是固体豆状类；生活中尽量避免让孩子玩硬币、顶针、橡皮、珠子等，户外游玩不要让孩子采摘小的圆形植物果实；孩子吃东西时也不要逗他嬉笑或说话，避免孩子哭闹时异物卡喉。除此之外，还要关注孩子的表现，及早发现潜在的危险，尽快寻求医疗救助使孩子脱离危险。

◎ 发现孩子异物卡喉。

如果孩子边吃边玩时突然停止了活动，开始哭闹或出现呛咳、面色发紫伴有呼吸困难，排除了上呼吸道感染的因素外，就要考虑孩子是不是吞了小物件，吞下的东西是不是卡在了喉咙或者滑进了气管里。即使孩子很快恢复了平静，我们也要在之后的几天对孩子加强关注，一旦发现孩子有间歇性咳嗽或发烧、气喘，就要立刻到医院检查是不是有异物进入了气管。

如果孩子被异物卡喉，我们要在第一时间拨打 120 电话，并采取一些家庭急救方式。对于 3 岁以下的孩子，要使孩子头朝下，倒提起来拍打背部；对于大一些的孩子，除了拍击孩子的背部之外，还要让孩子弯腰，把异物咳出来；也可以采用海姆立克急救法，即从孩子身后抱住他，双手紧箍孩子的腹部，一次次进行施压，利用腹腔压力逼出异物。

◎ 发现孩子耳朵有异物。

有的孩子会在玩耍的时候把小珠子、塑料玩具、豆子或是小鹅卵石放进自己的耳朵里。当我们听到孩子说耳朵疼的时候一定要格外注意，让孩子躺在床或沙发上，用手电筒仔细观察孩子的耳朵，如果能够看见小物件，并且没有掉进耳朵深处，我们可以将孩子的脑袋倾斜到一边，扶住孩子轻轻摇晃或是拍拍他的脑袋，或是让孩子往有异物的一边偏着头并且单脚跳，直至物件掉出来。一定不要用手、镊子或是棉花棒深入他的耳朵，那么做很可能会使物件掉的更深更难取出。

如果看到物件在孩子耳朵较深处，要尽快送孩子去医院，到急症室或耳鼻喉科进行检查。医生会使用专业的医疗器械取出物件，或利用矿物油等将物件润滑后自动滑出。对于进耳很深的物件则需要通过手术取出。

◎ 发现孩子鼻腔存在异物。

学龄前孩子，特别是一些年纪较小的孩子，经常会将小玩具、吃剩的食物或是柔软易弯曲的东西塞进自己的鼻孔里。如果我们看到孩子出现呼吸困难、流鼻血或是闻到孩子的鼻涕有异味，就要警惕孩子的鼻腔内存有异物。我们要控制孩子不要因为鼻子感到不舒服就盲目地抓挠鼻子，可以尝试用手指堵住没有塞住的那一侧鼻孔，让孩子用力往外呼气，擤鼻子。不要试图用镊子或者其他东西来将取物件，一旦处理方式不当，轻者会使孩子的鼻腔出血，重者会把异物推到鼻腔深处甚至掉入呼吸道造成窒息，危及孩子的生命。所以，不要随意动用器械，要及时带孩子去医院。

57. 上幼儿园总是生病

有不少妈妈反应，孩子开始上幼儿园后，去一个星期，就要病好久，不是感冒、扁桃体炎就是气管炎，甚至肺炎，等好了再去，就会又病，反反复复，一个月能在幼儿园待十天就已经很不错了。妈妈抱怨，自己本来就是因为没时间照顾孩子才把他送去幼儿园的，结果孩子反复生病，反而需要更多的时间照顾孩子，自己的工作没有兼顾，孩子打针吃药花钱不说，还受了不少罪。

其实，很多新入园的孩子家长都遇到过同样的问题，有过同样的困惑，经历过同样郁闷的阶段。

刚上幼儿园的孩子容易生病，特别是年龄较小入园的孩子更容易这样。除了孩子体弱多病的生理因素以外，还与孩子的神经发育不成熟有着直接的关系。2 岁左右的孩子正处于植物性神经系统不稳定时期，容易受到周围环境的影响，导致植物神经功能紊乱，情绪容易出现波动。离开父母进入幼儿园换了一个新环境，孩子缺乏安全感会出现一些躯体症状，比如头痛、肚子痛、呕吐、腹泻、发烧、睡眠惊吓等，这些反应也就是老人们所说的"上火"。而男孩普遍精力旺盛、活动量大，更容易出现流鼻血、发烧等症状，所以人们常说"男孩火力大"。所以，不少孩子在家好好的，可一上幼儿园就爱得病，这就是不稳定的情绪与不成熟的植物神经系统相互作用的结果。

孩子的抵抗力和免疫力都较弱，加上幼儿园的小朋友又很多，如果有人生病了，在集体生活中的孩子很容易出现交叉感染。特别是低龄的孩子，身体抵抗力弱，在这样的环境中更容易被感染。

不少父母可能会担心，难道孩子班里有小朋友生病就要赶紧把自己的孩子接回家？其实不必有这样的顾虑。与外界接触少的孩子未必就有抵抗力。西安交通大学医学院第二附属医院儿科主治医师刘海燕说，人体免疫系统是逐步建立起来的。对婴幼儿而言，身体的免疫系统确实没有成人的那么强大，更容易感冒，在医学上，会把 6 岁以前的孩子称为"生理性免疫功能低下状态"，所以，孩子在跟外界环境的接触过程中，身体接触到某种病菌，就会激活身体的免疫系统，从而产生抵御这种病菌的能力。

为了增强孩子的抵抗力，让孩子在幼儿园少生病，我们建议：

◎ 让孩子保持良好的生活习惯，多带孩子参加户外运动。

注意个人卫生，让孩子养成玩完玩具或饭前便后洗手的卫生习惯。避免给孩子使用含抗菌成分的清洁用品，因为这些产品可能是抗药性微生物的来源。

要提醒孩子多喝水，如果孩子的饮水量不足，容易产生内热，稍不注意就可能生病。白开水的保健功能是任何饮品都不能代替的，不要为了使孩子多喝水而让孩子喝饮料或果汁。饮料果汁是不能代替白开水的，也不能为孩子提供身体所需的水分。

为了配合幼儿园的生活，即使节假日也要坚持早睡早起，不要打乱孩子的作息时间，要使孩子养成良好的生活习惯。另外，一定要保证孩子有足够的睡眠时间，否则也会降低抵抗力。

平时多带孩子去户外活动，经常让孩子做一些适当的消耗体能的运动。多让孩子和其他同龄伙伴接触，让孩子暴露在感染源下，刺激他的免疫系统，增强免疫反应。

◎ 孩子生病后要完全调理好了再送幼儿园。

有的父母见孩子病了，赶紧接回家打针吃药，过了几天看到孩子没有什么明显症状了，又赶紧送幼儿园。这样往往使身体还没有完全康复的孩子二次感染，并更难治疗，需要相应延长用药时间才能完全康复。如果父母担心照顾孩子而耽误了工作，匆忙让孩子继续上幼儿园，容易导致孩子没有好利索而反复生病，不仅更加影响自己的工作效率，而且对孩子的身心健康也是不可逆转的伤害。

此外，经常间断性地送孩子去幼儿园会对孩子适应幼儿园的生活造成很大的阻力。所以，孩子生病了要接回家积极治疗，要等孩子痊愈后完全调理好了再坚持送幼儿园，并和老师密切沟通，让老师知道孩子最近的情况，做好保育工作。

◎ 注意孩子均衡饮食。

为了增强孩子的抵抗能力，平时要少给孩子吃糖分过高的食物，以免干扰白血球的免疫功能，造成抵抗力下降。要让孩子多吃水果和蔬菜，以免孩子偏食使体内抗体减少，影响人体防御功能。

虽然孩子在上幼儿园之后，大部分都会在园内享用三餐，但 5 点左右放学之后，我们可以让孩子吃些易消化的水果、奶制品等，补充一些能量和营养。值得注意的是，有的父母担心孩子在幼儿园吃不饱吃不好，孩子 4 点半左右在幼儿园进行晚餐，回到家又随大人再吃一餐，不少家庭晚餐时间较迟，孩子吃了饭就面临上床睡觉的情况，没有任何运动，一肚子东西来不及消化，很容易造成积食、上火，引起呕吐、发烧、脾胃失调等问题。所以，不要随意给孩子加餐或吃太多的肉类。

58. 知道什么叫意外伤害

据世界卫生组织统计，非故意伤害所占全球儿童死亡比重超过 90%。在我国，儿童意外伤害已成为 1—17 岁儿童、少年死亡的首要原因，每年因意外死亡的儿童超过 20 万，同时也是造成残疾的直接原因之一。儿童意外伤害防不胜防，而家中是最主要的发生地点，1—4 岁儿童意外伤害死亡病例在所有 0—19 岁伤害死亡病例中占比高达 33%，儿童意外伤害往往是因为父母的安全意识薄弱，隐藏在孩子身边的意外被轻易忽视。机械性窒息、车祸、溺水、误食中毒、高空坠落……转眼间夺去了一个个可爱的小生命，还有许多孩子因为"意外"伤害落下了终身残疾。孩子很难发现生活中的潜在危险，而缺乏生活经验也是造成孩子成为意外伤害高发群体的重要原因。

学龄前阶段的孩子由于年龄小，体质和体能发育不充分，在活动时常常显得不够灵活，不仅动作不协调，而且往往由于重心不稳而摔倒。孩子对事件的后果判断能力差，对距离感的辨别能力也较弱，相撞时躲闪能力也差。如果父母对孩子过度保护，过分替代，没有给他们足够的锻炼机会，孩子缺乏一定的自我保护意识和经验能力，在意外伤害事件发生时难以避免地会受到伤害。

作为家长甚至部分学校，更多时候仅关注孩子的身体成长和智力发展，忽略了对幼儿的安全意识和自控能力的培养，在学龄前时期，儿童因冒领接走、走失、诱拐引起的绑架、勒索、猥亵等事故受到的伤害发生率最高。

我们在平时除了格外小心、密切观察、严防可能发生的各种事故之外，更重要的是要加强对孩子的教育。我们不可能照顾孩子一辈子，孩子必须要学会照顾自己。我们要耐心地引导教育，使孩子逐步认识到发生意外的严重性，并学会如何避免、防范意外，才能真正减少意外事件的发生。

孩子生活在家庭、幼儿园和社会环境中，常常不可避免地会遭遇意外事故。但是，通过培养孩子的自我保护能力，让孩子学习一些基础的自我护理常识，会使消极的躲避变为积极的预防，使各种意外伤害的可能和结果降到最低。

◎ 增强孩子的体能，提高孩子自护能力。

体弱的孩子不爱活动，动作不协调，遇到突发情况反应较慢，所以容易受到意外伤害；而那些看起来调皮好动的孩子却能在遇到紧急情况时做出及时的反应，受到的意外伤害相对较少。所以，提高孩子自护能力的重要途径之一是增强孩子的体能，让孩子多参加一些适何该年龄段生理特征的锻炼或活动。

◎ 让孩子在日常生活中养成自护习惯。

我国著名的学前教育专家陈鹤琴先生讲过："习惯养得

好，终身受其益。"我们应该抓住学龄前期容易形成条件反射这一教育契机，探索有效的方法，使孩子从小养成良好的自护习惯。

比如，在日常生活中，让孩子习惯在饮食之前轻轻用嘴唇或手指触碰食物的行为习惯，可以避免因为判断错误而出现的烫嘴、烫手、误食等意外。

注意教育孩子让他养成"行人靠右"的习惯，无论走、跑都要保持右侧行进，这样可以避免碰撞同伴或受车辆撞碰。

引导孩子养成轻推拉门窗、对桌椅板凳轻拿、轻放的行为习惯。这样可以使孩子避开门窗桌椅的边棱免遭磕碰，也避免被门窗夹住手指或是被桌椅板凳压到脚趾。

指导孩子在跑跳玩耍的时候注意安全，不在马路边或人多的地方跑。跑动的时候眼睛向前看，注意周围的车辆，避开土堆、碎石等。教孩子在跑步时的正确姿势和呼吸方法，告诉孩子不要张口呼吸及其危害性。

这些都是日常生活中经常遇到的意外伤害，如果我们能够把对孩子的自护知识以具体的方式进行教导，并反复强调，监督、鼓励孩子长期坚持，就能使孩子逐渐建立起良好的生活习惯，从而有效地防止诸多意外的发生，从而起到了自我保护的作用。

◎ 教育孩子遵守游戏规则，避免出现意外。

学龄前孩子以自我为中心的特点极为突出，他们常常在玩得高兴时，忘记了要遵守规则和秩序，要不就是自己没玩够霸占着不松手，要不就是一拥而上，你推我挤，这些状况都极易发生意外，造成身体伤害。所以，我们要培养孩子在游戏活动中按秩序游戏，遵守游戏的规则，增强自我保护意识，获得自我保护能力。

为了使孩子懂得游戏规则，我们可以采取很多办法，比如给孩子讲故事、做一些直观形象的游戏模拟，让孩子判断是非，明白遵守规则、互相谦让的重要性。

此外，我们还可以做一些示范，用实际情况演示给孩子看，使孩子明白三个人或更多的人手拉手走路步调不一致容易摔跤，而一旦一人摔倒，其余的人也会摔倒受伤。在演示中让孩子亲身体验一下被束缚住双手跌倒在床上或沙发上的感觉，让孩子了解手拉手走路就会失去本能的以手扶地的自护动作，导致头部受伤。

◎ 进行一些小"演习"，教育孩子遇到危险要沉着冷静。

遇到危险要沉着冷静，这句话说起来容易做起来却很难，甚至大人们也很难临危不惧。但是，如果我们平时注意在日常生活中和孩子一起做一些小"演习"，能够让孩子在假性的意外事故中积累经验，孩子在真正遇到意外情况时就不会惊慌失措。

比如，我们可以教孩子遇到他人以很快的速度跑来要及时躲开，不能及时躲到旁边的话，也要以手护头或立刻转身来躲避，并且由父母做示范让孩子来学习；教育孩子遇到没有拴住的流浪狗时不要哭叫奔跑；就餐时看到同学盛汤走来要避开；人多拥挤时上楼梯要靠边走；等等。教授孩子一些具体的应对方式比教育他"你要注意安全"更加实际有效。

◎ 父母要懂得"千般呵护，不如自护"的道理。

意外伤害是偶然发生却往往又是不可预料的，作为学龄前孩子的父母，我们要尽量减少孩子生活中的各类隐患。我们要让孩子学习一些自护尝试，只有掌握了意外自护的初步尝试，才能更好地抵御灾害，避免受到伤害。尽量给孩子选择有粘扣或拉锁式的鞋，以免孩子因为没有及时系鞋带而摔伤；给孩子穿带帽外套时要尽量去除帽衫的拉绳，避免孩子在游戏或滑梯时由于意外勒住颈脖造成窒息；乘坐商场滚梯时，父母一定不要让孩子把头或手伸到电梯扶手外，以免发生危险；在户外旅游的时候要牵领着孩子，并告诉孩子下山时速度过快会因为惯性的作用摔跤；平时最好不要在路上给孩子吃一些像糖葫芦、烤羊肉串等用尖棍串成的零食，如果孩子一定要吃，也要等孩子停下来吃完后再走。

"千般呵护，不如自护"，父母除了注重孩子的安全问题之外，更要让孩子懂得一些基本常识和自我保护的知识，而这些知识最好是十分具体的细节问题。

比如，要让孩子懂得为了保护牙齿不能吃太冷、太热、太硬的食物，教会孩子正确的刷牙和漱口方法，让孩子养成早晚刷牙的良好习惯；帮助孩子纠正咬手指甲、咬嘴唇、咬笔、用舌头舔牙等不良习惯；教孩子正确使用电器的方法，让孩子了解各种信号、符号、标志，提高孩子的应变能力；提醒孩子远离所有井盖，不管那些井盖看上去是不是完整牢固的都要避开行走；利用家里的物品作为道具，开展一些自护实验，让孩子了解地震来了该怎么做，流血了该怎么办等，增加孩子的自护经验。

培养孩子自我保护的意识和能力，不是一朝一夕的事，需要父母持之以恒，与幼儿园老师相配合，使孩子获得自我保护的屏障。

59. 有些危险的游戏不能玩

学龄前孩子对危险的认识还不太清晰，对许多潜在的安全隐患会造成的严重后果不能预知也不知道如何及时躲避。电视节目中的英雄人物往往是上天入地无所不能的完美形象，孩子对英雄人物产生崇拜会使孩子在现实生活中把危险与勇敢混为一谈。孩子会通过玩危险游戏，来体验英雄的气概。如果父母对于不听劝告的孩子，采取强拉硬拽、打骂的办法，更会使孩子产生逆反心理。家长越反对，孩子越想玩，甚至背着大人偷偷玩危险游戏，更失去了遇到困境向大人及时求救的机会而导致意外发生。所以，我们要让孩子知道，有些危险的游戏不能玩，遇到别的孩子玩危险游戏不仅不要参与，还要及时告诉大人。

◎ 不能玩倒滑滑梯或是反上滑梯的游戏。

学龄前阶段的孩子，骨组织比较柔软，可以做很多在成人看来比较高难度的动作。但是，任何事情都是双面的，孩子的骨组织柔软，在受到外力的作用时很容易发生变形。如果孩子倒滑滑梯，会对颈椎产生猛烈的挤压，可能引起椎骨的变形，不仅影响孩子的生长发育，严重时还会造成胸部以下截瘫。而且，在倒滑滑梯时，孩子的头部可能先着地，滑下来的一切冲力都将由头部承担，一旦和地面产生撞击，轻者擦破头皮引发大量出血，重者更会引起脑震荡。我们要让孩子明白倒滑滑梯的危险性，避免孩子发生意外。

此外，不少孩子还喜欢反着爬上滑梯，他们觉得那样与众不同，显得自己很能干、很厉害。其实这样的玩法也有许多安全隐患：反上滑梯会和顺滑滑梯的孩子发生冲撞，而顺着向下滑的孩子所带来的冲击力会使反上滑梯的孩子受到伤害。此外，孩子在反上滑梯的过程中也会因为脚下不稳而摔倒，发生下腭损伤、嘴唇破裂、门牙磕落等意外。所以，家长不仅要让孩子学会按顺序排队玩滑梯，更要教育孩子不能倒滑或反上滑梯。

◎ 别人荡秋千时不能追疯打闹，要学会躲闪。

有时，我们往往教孩子在荡秋千时要抓紧秋千绳，保持重心稳定，并尽可能把身体重心后移，这样才能不从运动中的秋千上掉下来摔伤，但是，我们却忽略了教育孩子在别人荡秋千时注意安全。家长要告诉孩子不能和正在玩秋千的孩子打闹嬉笑，因为这不仅会影响玩秋千孩子的平衡性导致发生意外，更会使自己受到不必要的伤害。

有的孩子在排队等待玩秋千时和同伴玩闹，不是去扯玩秋千同伴的鞋子、裤腿，就是和其他排队的孩子在距离荡起的秋千很近的地方玩耍。这都是非常危险的，很容易被荡起的秋千或秋千上的孩子撞倒，后果十分严重。所以，我们要教育孩子在别人荡秋千时学会躲闪，要与秋千保持一定的安全距离。

◎ 不能玩塑料袋套头的游戏。

塑料袋本身并不危险，但有的孩子在玩耍的时候喜欢把塑料袋套在头上当帽子戴，或者套在面部当面具，这些就属于十分危险的做法。

孩子觉得好玩把塑料袋套头上，等到塑料袋随着呼吸贴近口鼻，孩子就不能大声呼救。尤其是 3 岁以下的孩子，自己不懂得如何拿下塑料袋而在感到呼吸不畅时会出于求生本能乱抓一通，更会使塑料袋越缠越紧。

面对这种情况，我们可以对孩子进行教育，通过警告、劝告让孩子放弃用塑料袋套头玩耍的行为。对于特别执拗、不听劝告的孩子，不妨尝试让孩子在家长的监护之下体验塑料袋蒙住口鼻带来的呼吸困难，这样更能防止孩子以后再往头上套塑料袋，防止在大人看不见的时间段发生危险。

◎ 在户外玩耍不要逗弄小动物，更要远离蜂窝。

4 岁以下的学龄前孩子基本和父母、老师在一起的时间较多，脱离父母视线单独玩耍的时候极少，而五六岁的孩子相对而言身体素质较好、懂得一些基本的安全知识，逐渐有了一些相对自由的玩耍机会，经常相约在楼下或小区里玩耍。

这时，我们要提醒孩子，不要因为小动物可爱就随便逗弄户外的小猫小狗，以避免被猫狗挠伤引发狂犬病；不要随意进入小区里的草坪或树丛，避免遭遇蜱虫；更要远离蜂窝，不要把捅蜂窝当作好玩的游戏。

◎ 捉迷藏游戏中千万不能藏入无人照看的地方。

孩子们都很喜欢玩"躲猫猫"游戏，但这个令孩子痴迷的游戏却隐藏着太多的伤害。有的孩子在超市和父母"躲猫猫"时走失；有的孩子为了不被同伴发现，躲在汽车后被粗心的司机开车碾压；有的孩子爬到了楼顶墙外的挡雨台失足坠落；有孩子躲在灌木丛中被刺伤眼睛；有的孩子躲在狭小的空间中被卡住；更有孩子钻进了像挤压机、挖土机这样的机械设备中惨受伤害。

虽然"躲猫猫"游戏有利于孩子短暂性记忆的发展，增强孩子的身体灵活性和思维能力以及与同伴的交往能力，但在游戏中如果孩子藏到了无人照顾或无人知晓的地方，就会引起意外伤害甚至死亡。所以，我们必须让孩子了解"躲猫猫"好玩但也有危险性，教育他们在游戏中首先要学会照顾好自己，然后再玩乐，要引导孩子注重游戏过程，不要太过看重游戏的结果。让孩子明白：不能因为"躲猫猫"时被同伴发现就觉得自己失败了，防止孩子为了不被同伴发现而竭力藏身在没人照顾的地方。

60. 自己才是身体的主人

在日常教育中，我们总教育孩子："要听话，要乖，大人说的话就要照做。"在这种教育下成长起来的孩子，在大人看来十分乖巧懂事，很是省心。但是，或许我们没有意识到，日常教育中让孩子养成的对大人的顺从，会让孩子在潜意识里认为，我必须回应大人的话，必须听从大人的话，否则就是不乖。岂不知，这样总是时刻顾及大人看法和话语的孩子往往容易上当受骗。所以，我们要在平时对孩子进行必要的安全教育，最重要的是让孩子懂得只有自己才是身体的主人，自己不愿意时，要敢于对大人说"不"，要敢于反抗。没有经过自己的同意，即使父母，也不能随意触碰自己的身体。

一般情况下，我们总会教育孩子平时在幼儿园里要和同学和谐相处、要在游戏时注意安全、不要随便吃陌生人的东西等。但对于一些生理方面的知识和细节，我们往往会认为孩子小就忽略对他进行讲解，即使讲解也尽量三言两语地一笔带过。我们在某些问题上的疏忽和回避往往造成孩子的认知出现缺陷，对危险的境地失去良好的判断，更没有自我保护的意识和能力。

我们一定要教会孩子保护自己的身体，让孩子明白自己才是身体的主人。要教孩子认识自己的性器官，并告诉孩子这是自己的隐私部位，不能暴露。父母不要羞于和孩子谈性，要直接告诉孩子们，自己的身体不容侵犯，自己的性器官不能让别人抚摸。女孩的妈妈们责任更加重大，要教育女孩尽早明白到底什么是性侵犯，受到性侵犯该怎么办，让孩子懂得自己的身体任何人都无权抚摸或伤害。告诉孩子，任何人的任何行为，只要让你感到不舒服或者疼痛，即使是老师或其他有权威的人，也要立刻表示反抗，要尽快告诉父母或其他可以信赖的成年人。尽量避免和别人在封闭的空间里单独相处，如果出现这种情况，要尽快让自己脱离险境，跑到人多的安全地方。

有的父母让孩子学习武术、跆拳道等体育项目，这也不失为一种增强防范意识和反抗能力的好办法。当然，也有不少父母担心，孩子学会了一些搏斗技巧会不会在学校里倚强凌弱，会不会有一技防身却势单力薄更激怒了歹徒而招来不必要的伤害？其实，让孩子学习武术等也是强身健体的方式，正规的武术学校或培训机构会在教授孩子相关技巧的时候让孩子明白学武的目的是健身、是自我保护，更是一种修养身心、提高修为的方式，并不是以拳头称霸或是宣扬英雄主义。对于精力充沛的孩子而言，学习武术的好处更体现在增强孩子的抗挫能力，培养孩子不怕吃苦、坚忍不拔的意志力等方面。

除了教育孩子具有防范意识，学习一定的防身技巧之外，家长也要明确地告诉孩子，在必要的时候，可以对陌生人"撒谎"，让孩子知道在那种危险的情况下，说谎并不是不诚实的表现，而是一种保护自己的方法。

此外，对孩子加强自理能力方面的锻炼，让孩子尽早掌握吃饭、睡觉、大小便、穿脱衣服等生活技能，这是孩子学会自己照顾自己的前提条件和基础。

让孩子知道冷暖，知道加衣脱衣的常识。我们不妨让孩子认识气温表，根据水银柱的升降，知道一天气温的高低。教会孩子如果觉得身上热，脸红了，可以用手触摸一下自己鼻头、额头和脖子，如果都出汗了，就该脱衣服了；如果感到身上有寒意，手臂皮肤上出现了鸡皮疙瘩，还有打喷嚏的现象了，就要及时加衣，以防受凉感冒。

"授之以鱼，不如授之以渔"，孩子的动作虽然由于身体协调性、小肌肉群和大肌肉有待发展等问题表现得做事比较缓慢，不像成年人那么利索。但我们要知道，在好奇心和成就感的支配下，孩子其实很愿意自己去做力所能及的事情，并且也希望能够做得快做得好。我们要给孩子充分的信任和耐心，不要对属于孩子的事大包大揽，剥夺孩子自主的权力，只有这样才能锻炼孩子的自理能力，使孩子学会在生活上自己照顾自己。